Australische

STRAND-
häuser

Australische
STRAND-
häuser

Der Traum von Leben am Meer

Für John Predny – der mehr Zeit am Meer zubrachte als wir alle.

Originalausgabe © 1999: Lansdowne Publishing Pty. Ltd.
Level 1, 18 Argyle Street, Sydney NSW 2000, Australien

Vorwort © 1999 Philip Drew
Übriger Text © 1999 Lansdowne Publishing Pty. Ltd.
Fotos © 1999 Lansdowne Publishing Pty. Ltd.
und die auf Seite 190 aufgeführten Fotografen

Text: Jenna Reed Burns
Vorwort: Philip Drew
Gestaltung: Robyn Latimer

Originaltitel: Australian beach houses: living by the sea.

© 2000 für die deutsche Ausgabe:
Könemann Verlagsgesellschaft mbH, Bonner Str. 126, D-50968 Köln

Übersetzung aus dem Englischen:
Christine Wiesmeier (für content publishing, München)

Redaktion und Satz der deutschen Ausgabe:
content publishing, München

Projektkoordination: Ulrich Ritter
Herstellung: Ursula Schümer

Druck und Bindung: Star Standard Industries Pte. Ltd.
Printed in Singapore

ISBN 3-8290-2194-1

10 9 8 7 6 5 4 3 2 1

Vorwort

Das Strandhaus hat eine bewegte Geschichte hinter sich. Bereits im 1. Jahrhundert nach Christus ließen Architekten ihrer Phantasie bei der Planung vornehmer *villae marittimae* freien Lauf. Reiche Angehörige der römischen Oberschicht, darunter so herausragende Persönlichkeiten wie Julius Caesar und Pompeius, ließen sich in der Bucht von Neapel vornehme Strandwohnsitze errichten.

Doch erst im 19. Jahrhundert, dem Zeitalter der Romantik, besann man sich wieder auf das naturnahe Wohnen – damals wie heute der Reiz von Strandhäusern –, und der Ansturm auf die Meeresküsten begann.

In Australien kehrte sich Anfang der 90er-Jahre der Zuzug ins Landesinnere um, der für die Bevölkerung des 19. Jahrhunderts charakteristisch gewesen war. Vor 1960 lebten vornehmlich ärmere Menschen am Strand, weil das Wohnen dort billig war. Vor allem während der Weltwirtschaftskrise waren viele ans Meer gezogen. Ihre Häuser bestanden aus preiswerten und einfachen Baustoffen. Aus dieser Tradition entwickelte sich der schlichte, zeitlose und von optischem Überschwang weit entfernte Stil früher Strandhäuser.

Ab 1960 machte der Windsurfing-Boom das Meer wieder attraktiver. Nun zog es nicht mehr nur Fischer an, deren Lebensgrundlage das Meer darstellte, sondern auch Menschen, die ein ästhetisches Vergnügen mit dem Wasser verbanden. Der Kreis der Strandhausbesitzer beschränkte sich zunächst auf Wochenendbesucher, die weder ihre soziale Zugehörigkeit noch persönlichen Reichtum zum Ausdruck bringen wollten. Dann aber überrollten Investoren die Strände mit riesigen Hotelanlagen, Geschäften und Bootsanlegeplätzen. Das einfache Strandhaus wurde Opfer weitläufiger Ferienresorts wie zum Beispiel Surfers Paradise.

Strandgrundstücke mit Meeresblick gelten heute als sichere Investition. Der Normalverdiener wird in die hinteren Reihen verdrängt, da die vorderen Grundstücke immer teurer werden. Das schlichte Strandhaus von einst wurde durch architektonisch anspruchsvolle Villen am Meer für die Wohlhabenden ersetzt.

Unabhängig davon, wo die finanziellen Grenzen für ein Strandhaus liegen, der Anreiz bleibt der gleiche. Das Meer ist ein Ort der Erholung. Beim Versuch, den Reiz eines Strandhauses zu erklären, taucht immer der Begriff Rückzug auf – Rückzug vom Arbeitsstress und dem Leben in der Stadt. Viele sehen das Meer als Möglichkeit, neue Energie zu tanken.

Im Strandhaus können wir uns auf unser Innerstes konzentrieren. Es bietet eine besondere Atmosphäre, eine Möglichkeit, im Einklang mit der Natur zu leben, einen Ort der Ruhe für einfache Beschäftigungen: Grillen mit Freunden, Spazierengehen, Fischen, Surfen. All dies führt uns zu einer ursprünglicheren und einfacheren Lebensweise zurück.

In diesem Sinne hat das Strandhaus fast religiös-esoterischen Charakter. Hier befinden wir uns im Einklang mit uns selbst, unserer persönlichen Vergangenheit, mit der Natur, dem Leben, der Erde und der Ewigkeit. Das Vorhandensein nur der notwendigsten Dinge, die Offenheit und die Abwesenheit innerer Grenzen oder Aufteilungen ist schon fast ein psychologisches Modell unserer eigenen Nacktheit, ein Eingeständnis unserer Verwundbarkeit und Beschränktheit im Angesicht der Natur.

Man gerät in Versuchung, das Strandhaus als eine Art Luftschloss zu bezeichnen. In einer zunehmend säkularen Gesellschaft ermöglicht das Strandhaus geistigen Rückzug. Und in gewisser Weise ist die lässige Unordnung vieler Strandhäuser auch ein Spiegel der australischen Seele.

PHILIP DREW

Inhalt

Einführung

In seinem Buch *Land's Edge* erforscht Tim Winton, warum die Sommerferien, die er am Strand in Perth oder in einem Ferienhäuschen in der Nähe von Geralton verbrachte, zu seinen klarsten Kindheitserinnerungen zählen. Für ihn ist es unmöglich, sich an den Winter zu erinnern, und er erkennt sich bei Diaabenden mit der Familie nur mit Mühe in seinem gelben Regenmantel von damals. Kindheit bedeutet für ihn einen einzigen langen Sommer, den er barfuß, sonnengebräunt und mit schuppender Haut auf der Nase verbrachte.

Wie kommt es, dass wahrscheinlich viele Australier diese Erfahrung teilen werden? Das Leben der meisten Stadtbewohner ist zweigeteilt: Den Winter verbringen sie in den Vororten und den Sommer am Strand. Als Grund für sein selektives Gedächtnis führt Winton an, er habe das Strandleben mit mehr Leidenschaft gelebt: »Ich erkannte dieses Leben, ich umarmte es und nahm es als meines an.«

Die Sinnlichkeit des Strandes spricht uns alle an. Sie gibt uns ein Bewusstsein unserer selbst und ist für die Klarheit unserer Erinnerungen verantwortlich. Alle Sinne werden vom Strand geschärft. Man erinnert sich an den Geschmack des Salzes auf der Zunge, an das Knirschen des trockenen Sandes unter den Füßen, das Schlagen der Wellen an den Strand, den Geruch des angespülten Seetangs und die sich im Laufe des Tages verändernde Farbe der See – in allen Nuancen von einem milchigen Grün bis zu Stahlgrau oder tiefem Königsblau.

Australier sind ein Küstenvolk. Mehr als 70 Prozent der Bevölkerung leben in Rufweite des Strands, die Mehrheit davon an der Ostküste von Victoria bis hinauf nach Queensland. An der Südküste Westaustraliens gibt es einige kleinere besiedelte Küstenstriche bei Perth und Fremantle sowie in Südaustralien einen weiteren zwischen den zwei Halbinseln, die den Golf von St. Vincent umschließen, rund um Adelaide. Alle australischen Großstädte liegen in Meeresnähe, und viele Australier verbringen ihre Ferien am Meer, besonders die langen Sommerferien an Weihnachten.

Die Verbundenheit der weißen Australier zur Küste geht auf die ersten europäischen Siedler zurück. Sie ließen sich in Küstennähe nieder, da sie über das Meer mit Gütern versorgt wurden. Darüber hinaus waren diese Gebiete erforscht – im Gegensatz zum Landesinneren mit all seinen Gefahren. Sie bekämpften ihre Furcht, indem sie ihm den Rücken zuwandten und ihren Blick stattdessen auf das Meer und die heimatlichen Gefilde in der Ferne richteten.

Die Bedeutung, die Meer und Strand für uns Australier haben, findet sich in unserer Kultur wieder – in Kunst, Literatur, Fotografie und im Film ist der Strand die Bühne, auf der sich meist alles abspielt, eben wie im richtigen Leben. Der Schriftsteller Robert Drewe meint, dass beinahe alle wichtigen Lebensabschnitte entweder am Strand, in den Dünen oder im Strandhaus beginnen. Am Strand schließen wir Freundschaften, hier entdecken wir die Sinnlichkeit und oft auch die Sexualität.

Dank dieser Erinnerungen hat das Strandhaus einen besonderen Platz im kollektiven Bewusstsein Australiens. Es bringt ein Lächeln in die Gesichter der Leute, versetzt sie in Kindheits- und Jugenderinnerungen. Das eigene Strandhaus ist für viele Australier ein Traum. Sobald sie in Rente gehen, ziehen sie an einen Ort am Strand, wo sie fischen, am Strand entlangschlendern und auf das Meer blicken können.

Die See verspricht Ruhe und Erholung. Sie macht den Kopf frei und belebt den Geist. Die Winde – mild im Sommer und ungezähmt im Winter – vertreiben die Sorgen der Stadt. Vielleicht ist es die Endlosigkeit des Horizonts oder die riesige rastlose Energie der See, die uns verjüngt. Wie Winton meint, lässt uns der Blick auf das Meer die Unendlichkeit am ehesten erahnen. Seine Weite relativiert die menschliche Existenz und ihre Belange.

Auf der Reise entlang der Küsten gelingt es den Menschen, der Gesellschaft und ihren Zwängen für eine Weile den Rücken zuzuwenden. Wir brechen aus, und das Strandhaus wird unser Zufluchtsort. Hier dürfen wir die Schuhe abstreifen und ganz wir selbst sein. Wir sind im Einklang mit der Natur, der Landschaft und den Jahreszeiten. Vielleicht, so meint die Architektin Lindsay Clare, werden wir durch die im Strandhaus verbrachte Zeit australischer.

Die Architektur des Strandhauses hat über die Jahrzehnte hinweg viele Wandel durchlaufen. Dieses Buch zeichnet die Entwicklung nach, wobei es sich den verschiedenen Bauweisen und -stilen von Strandhäusern eingehend widmet. Die ehemals aus gebrauchten Materialien roh zusammengehämmerten Hütten mit ihrem eigentümlichen Charme haben sich zu einem eigenen Genre entwickelt. Wir haben begonnen, uns in diesem Land wohlzufühlen, und öffnen der Landschaft unsere Häuser, anstatt uns vor ihr zu fürchten. Wir streichen die Außenwände der Häuser nicht mehr und lassen sie so im Laufe der Jahre mit der Landschaft verschmelzen. Die verwendeten Materialien – Wellblech, Holz und Eternitplatten – spiegeln auch unseren Wunsch wider, den charakteristischen australischen Stil weiterzuentwickeln und regionale Besonderheiten auszuprägen, die aus der Anpassung an Klima und lokale Gegebenheiten entstanden.

Erst jetzt schlägt sich dies auch in der Städtearchitektur nieder. Mit den zunehmenden Belastungen des Stadtlebens sehnen wir uns nach der Einfachheit und Sorglosigkeit, die das Strandhaus verkörpert. Aus diesem Grund hielten ehedem typische Strandhausmerkmale Einzug in moderne Stadthäuser. Offen angelegte Wohnbereiche, sanfte Übergänge zwischen Innen und Außen; luftige, lichtdurchflutete Räume, die aber gleichzeitig so ausgestattet sind, dass sie die heiße, grelle Sonne auszusperren vermögen; Bereiche, in denen der Einzelne sich zurückziehen kann – all das gilt heute für den Architekten in der städtischen Wohnungsplanung als selbstverständlich.

Trotzdem ist nach wie vor die Architektur der Ferienhäuser richtungsweisend, sei es am Strand oder auf dem Land. Wir achten mehr auf stilistische Aspekte, die sich in vielerlei Hinsicht positiv auswirken können, und sind – wie auch Designer und Architekten – mutiger geworden. Wir erlauben, ja ermutigen innovative Ideen für Strandhäuser, da wir am Strand weniger auf Konformität achten oder darauf, unsere Mitmenschen zu beeindrucken. So wie wir am Strand, ungeachtet unserer Körperfülle oder unseres Aussehens, unsere Kleider ablegen, haben wir begonnen, bei der Gestaltung der Ferienhäuser unsere Identität und die der Umgebung auszudrücken.

Das Stadthaus entspricht dem Eindruck, den wir bei den anderen hinterlassen möchten. Das Strandhaus hingegen ist Ausdruck dessen, wie wir uns selber sehen.

Die frühen Strandhäuser

FISCHERHÜTTEN,
Bootshäuser **& Eternit-Cottages**

Jeder in dieser Generation wusste genau, was er wollte. Auf keinen Fall wollte man sich mit

einer verpflanzten Vorortvilla zufrieden geben. Die Atmosphäre der Hütte musste stimmen,

idealerweise an etwas aus den 50er-Jahren erinnern. Gut wäre auch ein lässiger, vielleicht sogar

etwas heruntergekommener Eindruck. Sie sollte eine Veranda haben, auf der Wochenendgäste

schlafen können, einen Klärbehälter, einen Kamin und Platz für ein Dartbrett.

Einen Blick auf den Pazifik erhaschen zu können, war unerlässlich ...

An einem sonnigen Frühlingstag fand er bei einem Spaziergang in Broken Bay,

was er suchte. Die Hütte war aus Holz und Eternitplatten, ihre Farbe ein blasser Lehmton.

Sie stand Richtung Norden an einem Hügel, der Schutz vor südlichen Winden bot.

ROBERT DREWE, *THE BODYSURFERS*

Lange vor den Zeiten des Automobils ruderten Fischer in verlassene kleine Buchten, um dort zu bestimmten Jahreszeiten, in denen das Fischen ertragreich war, zu campieren. Später dann folgten dauerhaftere Behausungen aus gebrauchten Materialien, die ein Mindestmaß an Schutz vor den Elementen boten. Diese Hütten – einige davon nicht mehr als primitive Boots- oder Lagerhäuser – waren vermutlich die ersten Strandhäuser.

Einige Zeit später, als Autos erschwinglicher wurden und ihre Verbreitung zunahm, erkundeten die Leute die kleinen Fischerdörfer entlang der Küsten und ließen auch die Hauptstraßen hinter sich zurück, um ihr eigenes kleines Eden zu finden. Auch sie bauten Schuppen, um die Utensilien des Sommerurlaubs wie Zelte, Angelruten und Werkzeuge zu verstauen. Nach und nach lösten solidere Behausungen diese Schuppen ab. So entstand die Tradition des Strandhauses.

Aus dem Hinterland von Queensland wurden beispielsweise ehemalige Unterkünfte für Schafscherer mit Lastwagen an die Küste transportiert, um dort als Ferienhäuser zu dienen. Auch heute sind noch einige dieser Häuser in den Küstenorten Noosaville und Woodgate als Beispiel für geschickte Wiederverwendung erhalten.

Der viel gerühmte Einfallsreichtum der Australier spielte eine wichtige Rolle sowohl beim Umwandeln der bestehenden Gebäude in Strandhäuser als auch beim Errichten neuer, speziell für diesen Zweck gebauter Häuser. Diese frühen Strandhäuser – viele von ihnen ohne Vorkenntnisse aus zusammengewürfelten, gebrauchten Materialien gebaut – hatten einen temporären, improvisierten Charakter, der ihren besonderen Charme ausmachte.

Dann begann man Eternit einzusetzen, das aus Frankreich und Großbritannien importiert wurde. Ab 1916 wurde es auch in Australien produziert und so oft eingesetzt, dass es vielerorts als Erfindung der heimischen Industrie betrachtet wurde. Da Eternit gerade zur Zeit der ersten Wochenendhäuser eingeführt wurde, entwickelte es sich zum beliebtesten Baumaterial für solche Unterkünfte.

Eternit, ursprünglich eine Mischung aus Zement und Asbestfasern, war billig und einfach zu verarbeiten. Geringe Vorkenntnisse reichten aus, um damit in wenigen Tagen eine einfache Behausung zu errichten. Die Leichtigkeit, mit der man die Platten zuschneiden und bearbeiten konnte, ließen Raum für individuelle Gestaltung. Wie Charles Pickett in seinem Buch *The Fibro Frontier* bemerkt, konnten normale Hausbesitzer dank Eternit als Architekten und Hausbauer eigene Vorstellungen verwirklichen und so die eigene Persönlichkeit im Stil ihrer Häuser ausdrücken.

Abgeschlossen von einem längs oder quer verlaufenden Dach, hatten diese Häuser einen verwegenen und sehr eigenen Charakter. Sie hatten Namen wie »Sea Spray«, »Edgewater« und »Bali Hi«. Die Verbindungsstücke bestanden aus Holzlatten oder Eternitstreifen, deren farbliche Gestaltung zum Experimentieren mit verschiedenen Schattierungen animierte.

Trotz ihrer bunten (manchmal sogar grellen) Erscheinung fügten sich Form und Größe dieser Häuser respektvoll in die Landschaft ein. Sie wollten ihre Umgebung nicht dominieren. Die Häuser waren einfach gebaut, zum einen sicherlich, um die Kosten gering zu halten, zum anderen aber auch, weil das eher dem Stil der Leute entsprach, die sie erbaut hatten. Der Architekt John

Mainwaring glaubt, dass gerade ihr unprätentiöser Charakter ihren besonderen Reiz ausmachte. Der Blick, den wir beim morgendlichen Schwimmen vom Wasser aus auf die in die Landschaft geschmiegten Häuschen am Strand werfen, stellt eine Erinnerung dar, die für uns alle, einschließlich Mainwaring, etwas sehr Angenehmes und irgendwie Beruhigendes hat.

Zwischen 1970 und 1990 ignorierten die Leute in ihrem Größenwahn die Gegebenheiten der Landschaft. So entstanden bombastische und unpassende Häuser aus völlig ungeeigneten Materialien.

Eternithäuser hatten weitere Vorteile. Sie waren leichter und günstiger instand zu halten als Holzhäuser. Wenn die Familie zu groß geworden war, konnten nach Bedarf einfach weitere Räume hinzugefügt werden. Es gab allerdings auch Nachteile. Durch die fehlende Isolierung heizten sich diese Häuser tagsüber sehr schnell auf; sie speicherten diese Wärme aber nicht und kühlten nachts darum sehr schnell ab.

Die australischen Eternithäuser aus den 1950er-Jahren weisen ortsunabhängig viele Gemeinsamkeiten auf. Wenn der Eternit nicht übertüncht wurde, um den Eindruck eines stabileren Gebäudes zu erwecken, sind sie einfache, ehrliche Behausungen. Wer die Eternithäuser um ihrer Eigenart und ihres Aussehens willen schätzt, muss sich jedoch der traurigen Tatsache bewusst sein, dass diese Häuser mehr und mehr verschwinden. Das Land in Küstennähe wird immer teurer, und Planungsentscheidungen werden weiterhin ohne Rücksicht auf die Umwelt getroffen.

Das bescheidene Eternithaus hat noch nicht den Punkt erreicht, an dem es für seine Zweckmäßigkeit geschätzt werden würde. Das sollte es aber. Der einzigartige Baustil solcher Häuser steht für eine Zeit, die Teil unserer gemeinsamen Erinnerungen an den Strand und somit etwas Besonderes ist. Für viele ist dieses Haus das australische Strandhaus schlechthin und ein Ausdruck der australischen Identität.

SEE-igel

Die einfache Wellblechhütte (rechts) oberhalb einer geschützten Bucht auf der Yorke-Halbinsel, Südaustralien, diente einst Langustenfischern als Unterkunft. Heute wird sie an Wochenenden genutzt. Der Anstrich wurde den Farben der umliegenden Vegetation angepasst, sodass sich die Hütte in die Buschlandschaft der Küste einfügt. Die mit Teebaumzweigen gedeckte Pergola schützt vor der Sonne.

Die Hütte ist mit Treibgut geschmückt, das man an dem die Bucht säumenden Sandstrand findet. Am Bettpfosten (oben) wurde ein Gehänge aus Treibholz und Muscheln befestigt.

Der Schreibtisch steht in einer Ecke des Hauptraums (rechts). Auf dem Linoleum liegt ein Sisalteppich. Wie die anderen Möbel wurden auch Tisch, Pinwand und Bücherregale aus altem Holz und Treibholz gefertigt.

Ein handbemalter Teller und einige Muscheln verzieren den Bug
dieses kleinen Ruderboots (oben), das mit dem Heck nach unten
aufgestellt wurde und nun als Geschirrschrank dient.

Die Küche (gegenüber) nimmt eine Seite des Hauptraums ein. Schnü-
re mit eingeflochtenen Muscheln hängen unter der mit Bambusrollos
abgehängten Decke. Die großen Venusmuscheln auf den Schränken
sind nicht nur dekorativ, sie dienen auch als Servierschüsseln. Auf
Wände und Schränke wurden vorbeiziehende Wolken gemalt, sie
tarnen sogar den Kühlschrank.

In einer Nische des Hauptraums (rechts) steht ein Hochbett im balinesischen Stil. Graue abgerundete Planken, die die See angespült hat, bilden das Gestell. Bettzeug wird in den Körben unter dem Bett aufbewahrt, ein kleiner Schrank bietet weiteren Stauraum. Durch die Tür mit Moskitoschutz gelangt man in den Anbau mit Lager, Toilette und Waschgelegenheit.

Die vier Stockbetten (unten) wurden vom Besitzer aus altem Holz gebaut. In der Glastür spiegelt sich die Aussicht über die Bucht und die Buschvegetation der Düne. Muscheln, Seeschwämme, Treibholz und Korallen verzieren den Spiegel (rechts).

Das Schindelhaus (rechts) mit dem passenden Namen »Snapper Lodge« liegt gerade noch über der Wasserlinie in Sydneys Pittwater. Mittelpunkt der ausgedehnten und entspannten Wochenendessen ist ein selbstgebauter Pizzaofen am Wasser.

PEGELSTAND

Ein alter Rettungsring hängt an der Wand, die zuerst türkis grundiert und dann in einem »Austernton« verwischt wurde. Unter der Decke sind ein paar Wasserski verstaut, während das kleine Motorboot darunter auf den nächsten Ausflug zum Fischen wartet.

Der L-förmige Hauptraum (unten) beherbergt die Küche, das Doppelbett und den Wohnbereich. Die meisten Möbel wurden billig ersteigert. Die Küchenregale sind aus zugeschnittenen Laufbrettern gefertigt. Im Gästezimmer (rechts) wurden die Wände, passend zur Bettwäsche, mit Schablonenmalerei verziert.

Die Wände des Hauptraumes sind aquamarinblau gestrichen. Den Boden bedeckt ein Sisalteppich. Verschiedenes Fischerzubehör schmückt eine Wand, darunter ein Originaldruck von Charles Blackman. Um Stellfläche zu sparen, wurde der Fernseher über einem der Fenster angebracht.

Liebes-NEST

Im Cottage fällt das Leben in eine gemächlichere Gangart. Tagsüber laden Liegestühle zum Zurücklehnen und Entspannen ein. Nach dem Abendessen sorgen Spielkarten für Unterhaltung.

»Marawapina«, übersetzt »Cottage am Meer«, ist der ursprüngliche Name dieses malerischen Eternit-Cottages (rechts). Er passt perfekt für das unprätentiöse Häuschen mit Blick auf die Bass Strait an der Südküste Victorias. Das Cottage wurde 1928 erbaut und nach und nach erweitert. Sein Garten wird auf den Seiten 178–179 beschrieben.

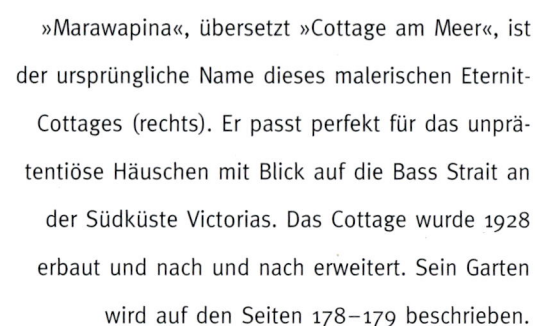

Zusammen mit dem Haus kauften die jetzigen Besitzer auch das Inventar, angefangen bei Möbeln wie dem alten Küchenschrank (gegenüber) bis hin zu Geschirr und Besteck (links).

Das Wohnzimmer liegt gleich neben der Küche (rechts). Die neuen Besitzer haben die Originalfarbe der Innen- und Außenwände beibehalten.

Ein Strauß Veronikablüten aus dem Garten (oben) schmückt einen Tisch im Sonnenzimmer. Als Zuggriff für die Lampenschnur dient eine Muschel (oben links). Das Bad (links) wurde mit Sockelwaschbecken, vierfüßiger Badewanne und bleiverglastem Fenster in seiner ursprünglichen Form belassen.

Die Eternitgarage neben dem Gartentor hat noch die alten

Holzlatten-Schwingtüren, die im Laufe der Jahre schon

viele Male ausgebessert und neu gestrichen wurden.

KUNST-
haus

Eine der Besitzerinnnen ist Künstlerin
und Lehrerin. Zwei ihrer Still-Leben
(oben) auf Papier warten darauf,
gerahmt zu werden.

Die Anfänge des tropischen Zufluchtsorts an der Sunshine
Coast von Queensland waren einfach. Er diente zunächst
als Schuppen für Traktor und Werkzeug, in dem man auch
mal ein Wochenende verbrachte. Ein Jahr später beschlossen
die Besitzer, dort richtig zu leben. Sie verlegten zusätzliche
Böden, errichteten zwei neue Außenwände, die inneren
Trennwände sowie Küche und Bad. Die meisten für den
Bau verwendeten Materialien waren gebraucht oder wurden
selbst angefertigt.

Wie in jedem Raum des Hauses finden sich auch im Wohn-
und Esszimmer (gegenüber) Werke zeitgenössischer australischer und neuseeländischer Künstler. Durch gewellte Polycar-
bonat-Paneele, die mit Stoffjalousien kaschiert werden,
gelangt viel Licht von oben in die Räume. Eine alte
Kirchenbank dient am Esstisch als Sitzgelegenheit.

Selbst an der schrägen Sperrholzdecke des großen Schlafzimmers hängen Bilder. Auf dem Bett liegen eine Lederdecke aus den 1970er-Jahren und eine gehäkelte Tagesdecke. Gleich nebenan befindet sich das Bad. Kunstwerke schmücken auch den Gang dahinter, über den man zur Bibliothek und zur Waschküche gelangt.

An der alten Holzleiter über dem Waschbecken (rechts) lassen sich alle möglichen Utensilien aufhängen. Der Betonboden wurde so gestrichen, dass sich optisch ein Fliesenmuster ergibt. Vom Küchenfenster aus bietet sich ein Blick auf die Lagune – zwischen einem Papayabaum und einem Passionsfruchtstrauch voller Früchte hindurch.

Auf einer Seite des Badezimmers (unten) befindet sich eine ummauerte Badewanne, die auch als Dusche dient. Durch das breite Fenster hinter dem Bad blickt man auf den Innenhof, wo sich ein Vogelbad befindet.

SCHATZ-truhe

Auf der mit Terrakottaplatten gefliesten Terrasse direkt am Wasser (rechts) wird oft gegessen. Das Haus ist eine Schatzkammer bunter Gegenstände und Möbel, die von Reisen mitgebracht oder auf Märkten und in den Läden vor Ort gekauft wurden. Das handbemalte Schild an der Eingangstür (oben) ist nur ein Beispiel dafür.

Die Sonne scheint durch die einfachen Bambusrollos im Wohnzimmer (gegenüber) dieses Eternit-Cottages aus den 1930er-Jahren an einem der Strände im Norden Sydneys. Einige Sturmlampen unter dem Tisch warten darauf, auf die Terrasse gebracht zu werden.

Der getrocknete Fruchtstand einer Palme (oben) eignet sich gut als Wandskulptur.

Die jetzigen Besitzer haben an der Küche (gegenüber) nicht viel verändert. Sie haben die Küchenschränke neu gestrichen und bei der Gelegenheit gleich die unansehnlichen braunen Fliesen übermalt. Über dem Küchentisch hängen mehrere Körbe, ein Knoblauchzopf und eine Fischpuppe aus Bali. Die handbemalten geschnitzten Holzboote an der Wand stammen aus Griechenland.

Auf dem Boden unter einem aufgehängten Fischernetz (links) liegt eine Seil-Hängematte. Weil den Besitzern die Form gefiel, blieb sie so liegen. Der Lampenschirm aus getrockneten Bambusblättern (unten) sorgt für warmes Licht. Auf den Nachtkästchen lassen Bücherstapel auf eine beschauliche Stimmung im Haus schließen.

Gegenüber: Die auf dem Himmelbett verstreuten Kissen sind mit Stoffen aus Positano (Italien) bezogen. Breite Plantagenjalousien verbergen die unschönen Aluminiumfenster rechts und links vom Bett.

Schmuckvolle
FERIEN-
häuser

Gestalterische

Freiheit

Jedes Jahr mieten wir zu Anfang des Sommers ein Haus am Meer. Ich weiß nie sehr viel über diese Häuser, und so kommt es, dass bei unserer Ankunft im letzten Licht des Tages der Reiz des Unbekannten sehr groß ist. Vom Nachbarn bekommen wir die von der See verwitterten Hausschlüssel. Wir schließen die Tür auf, gelangen in eine dunkle oder helle Diele, und die Ferien beginnen . . . Genauso stark oder stärker als dieses Gefühl des Beginns ist jedoch das Gefühl, in das Leben eines anderen Menschen getreten zu sein. Obwohl ich bisher keinen einzigen Vermieter kennen gelernt habe, offenbart sich ihre physische und emotionale Präsenz in allen Häusern auf wundersame Weise.

JOHN CHEEVER, ›THE SEASIDE HOUSES‹

In Strandhäusern kommt es darauf an, loszulassen und endlich man selbst zu sein. Das Gleiche trifft auch schon beim Einrichten eines Strandhauses zu. Hier hat man die Gelegenheit, zu experimentieren und eine Umgebung zu schaffen, die in der eingeschränkteren Atmosphäre eines Stadthauses nicht möglich wäre. Dort unterliegt man eher dem Druck – sei es berechtigt oder unberechtigt –, bestimmte Erwartungen erfüllen zu müssen. Am Strand hingegen können wir eine Umgebung schaffen, die unsere Persönlichkeit zum Ausdruck bringt.

Unser zweiter Wohnsitz ist ein Ort für entspanntere Lebensart – wir brauchen ihn nicht mit Möbeln oder Nippes vollzustopfen, wie es so charakteristisch für unser hektisches Leben in der Stadt ist. Im Strandhaus ist Weniger definitiv Mehr. Dies bestärkt uns in unserem Streben nach einem einfacheren, geradlinigeren Dasein, das gerade den Reiz der Flucht ans Meer ausmacht. Am wichtigsten ist ein Bett (oder zwei, wenn Familie und Freunde hinzukommen), ein großer Esstisch mit Stühlen, ein weiches Sofa und vielleicht noch einige Liegestühle, die auf die Veranda gestellt werden können. Entspannend ist auch eine Hängematte, die man zwischen den Bäumen aufhängt.

Widerstehen Sie der Versuchung, das Haus mit abgelegten Stücken von wohlmeinenden Verwandten voll zu stellen, es sei denn, es gelingt Ihnen, dieses Sammelsurium nach einem bestimmten Schema, wie etwa der Farbzusammenstellung, auf einen Nenner zu bringen. Ansonsten sind die Chancen gering, dass Sie irgendwann einmal einen einheitlichen Stil erhalten werden. Ebenso ernüchternd wäre es, im Schrank nur verschiedene Gläser, angeschlagenes Geschirr, ausgefranste Handtücher und Bettwäsche, die nicht zusammenpasst, zu finden. Das Ausstatten eines Strandhauses muss nicht teuer sein, Sie können sich dabei auch jede Menge Zeit lassen. Durchstöbern Sie in Ruhe die Läden und Märkte vor Ort, und wählen Sie die Dinge so aus, dass sie alle zu der angestrebten Stilrichtung passen.

Das Ausstatten eines Strandhauses weckt vielleicht Erinnerungen an das Vergnügen, mit dem man als Kind sein erstes Baumhaus einrichtete. Damals wie heute können Sie Gegenstände nach Herzenslust zweckentfremden. Über Kopfteile von Betten werfen Sie Seidensaris, Palmwedel dienen als Lampenschirme und kleine Muscheln als Griffe für Lampenschnüre. Venusmuscheln eignen sich als Servierschüsseln, Meeresschnecken als Seifenschalen.

In der ungezwungenen Atmosphäre Ihres Strandhauses können Sie alle gestalterischen Vorstellungen und Leidenschaften ausleben. Wählen Sie für sich ein Motto aus, sei es das Meer, Marokko oder Mexiko, und ergänzen Sie bei jedem Besuch ein neues Stück. Das Gute an einem Strandhaus ist auch, dass es eigentlich nie fertig werden muss!

Strandhäuser helfen uns, in größeren Einklang mit unserer Umgebung zu kommen, deshalb finden sich darin auch so viele Fundstücke vom Strand. Kokosschalen, Treibholz, Muscheln und vom Wasser geschliffene Steine sind unübertreffliche Skulpturen. Auf Tischen, dem Kaminsims oder nur gegen die Wand gelehnt, bringen sie ein wenig Natur ins Haus.

Was die Farben betrifft, kann man angesichts des starken Lichtes am Meer – zumal in Australien – größeren Mut beweisen, als man es vielleicht in der Stadt wagen würde. Es spricht Einiges dafür, die Außenwände in den Farben der Landschaft zu gestalten oder, soweit möglich, gar nicht zu behandeln, sodass sie im Laufe der Zeit verwittern und sich mehr und mehr in die Landschaft einfügen. Mit diesem Tarneffekt erreichen Sie zum einen Ungestörtheit, zum anderen zollen Sie aber auch der umliegenden Landschaft Respekt.

Im Hausinneren hingegen geht es um etwas anderes: Hier bestimmt die gewünschte Stimmung des Hauses die Farbgebung. Dient das Haus der Entspannung vom hektischen Stadtleben, erzeugen weiche Pastelltöne die richtige Umgebung. Neutrale Farben sind die perfekte Kulisse für die verschiedenen Stimmungen des Meeres oder die Dünenlandschaft, die Farbe, Struktur und Leben im Überfluss bieten.

Soll das Strandhaus hingegen zu einem Ort werden, an dem die häufig vom Büroalltag erstickten kreativen Energien neu geweckt werden, sind lebendige Farben geeignet, um eine entsprechende Atmosphäre zu schaffen. Lassen Sie sich von den Farbtönen einer Muschel oder eines Stückes Baumrinde inspirieren.

Fünf der in diesem Kapitel beschriebenen Häuser spiegeln die Persönlichkeit, den Humor und die Phantasie ihrer Besitzer wider (das sechste diente als Filmkulisse). Der architektonische Stil eines jeden Hauses und manchmal auch die Gegebenheiten der Landschaft prägen die Gestaltung des Hausinneren. Durch diese kraftvolle Einheit strahlt jeder Raum Harmonie und Zweckgebundenheit aus. Alles hat seinen Platz, nichts wirkt erzwungen oder fällt aus dem Rahmen.

Während fünf der Häuser perfekte Beispiele für vollendete Harmonie zwischen den Besitzern und ihren Häusern repräsentieren, ist das sechste Haus die Vision des perfekten Strandhauses. Zusammen ergeben sie eine Auswahl, die so unterschiedlich und individuell ist wie die Menschen, die sie schufen.

Über den
WELLEN

Wie eine Fata Morgana in der Wüstenhitze verschwand dieser von Larry Eastwood entworfene Pavillon an der felsigen Küste von Rottnest Island vor der Küste Westaustraliens. Nach den achtwöchigen Aufnahmen für den australischen Film *Under the Lighthouse Dancing* wurde das Traum-Strandhaus wieder abgebaut.

Mit Schablonen wurden die Umrisse von Seetangbüscheln in alle vier Außenwände gesetzt. So gelangte mehr Licht und Luft ins Haus. Die Küchenschränke (oben) waren mit Metallgittern verkleidet.

Speziell für die Sonnenuntergangsszenen im Film sollte das Haus nach Westen zeigen. Die Lamellentüren, die nach hinten weggefaltet oder wie Schiebetüren geöffnet werden konnten, erweiterten die Räume auf das breite Holzdeck (gegenüber), das das Haus auf drei Seiten umgab. Dadurch wurde auch das Filmen in den kleinen Räumen einfacher.

Das Haus wurde um einen Innengarten gebaut. Das Spiel aus Licht und Schatten im Wohnbereich (oben) entstand durch das aufklappbare Dach, das einer japanischen Pagode nachempfunden war. Um das Aussehen und die Farbe von Treibholz nachzuahmen, wurden alle Möbel und das Deck mit verdünnter grauer Farbe gestrichen.

Die Filmkulisse sollte alle romantischen Vorstellungen von einem Strandhaus verkörpern: offene Wohnbereiche, ein Ignorieren der Privatsphäre und Außenwände, die zur Seite geschoben werden konnten, um den Wind und das Sonnenlicht einzulassen. Die Dusche außerhalb des Hauses bot einen Panoramablick auf das türkisblaue Wasser der Salmon Bay.

Das »CLIFF House«

Das »Cliff House« (gegenüber) ist eines der drei Häuser, die man in Hannafords auf Kangaroo Island vor der Küste Südaustraliens mieten kann. Es steht Richtung Norden und eröffnet den Blick auf die azurblauen Wellen von Snellings Beach (links und oben). Gebaut wurde es vor 30 Jahren von den Besitzern als Strandhaus für die Familie.

Eine alte Messinglampe verleiht dem Haus einen Hauch von Marokko.

Einen Eindruck von der Geschichte der Insel gibt dem Besucher diese Tafel, die den Fischfang in den letzten 60 Jahren dokumentiert.

»Cliff House« wurde von seinen Besitzern – einem Architekten und einer Innenarchitektin – im mediterranen Stil gestaltet. Die verwendeten Ziegel stammen aus der Umgebung; sie wurden grob zusammengesetzt und auf beiden Seiten weiß getüncht. Eine geschwungene Treppe (gegenüber) führt vom Sonnenzimmer an der Küche vorbei in eines der Schlafzimmer (oben). Dieses liegt in der Turmspitze, von der sich ein Panoramablick auf den Ozean bietet.

Norwegisches HOLZ

Vor ungefähr 60 Jahren zerlegte ein norwegischer Seemann eine Holzhütte in seiner Heimat und baute sie in Pittwater nördlich von Sydney wieder auf. Das kürzlich errichtete Haus neben dem Pool (rechts) entspricht stilistisch und hinsichtlich der verwendeten Materialien ganz dem Haupthaus. So wurden die Dachschindeln und Außenwände aus Zedernholz gefertigt. Am Haupthaus waren sie nachträglich als Isolierung angebracht worden. Hufeisen (oben rechts), die hinter dem Korb zum Holzsammeln angebracht sind, sollen Glück bringen.

Die Holzhütte war ursprünglich einstöckig. Die jetzigen Besitzer haben ein zweites Stockwerk aus den Balken einer ehemaligen Säulenhalle geschaffen. Glasscheiben in der Decke (links) und entlang der Wände lassen Licht in das Wohnzimmer (unten). Der alte hölzerne Deckenventilator stammt aus einem Kino in Queensland.

Der von einem Freund der Besitzer gebastelte »Küchenengel« steht auf dem Fensterbrett über dem Waschbecken (links). Die Karottenschale aus den 1950er-Jahren stammt von einem Trödelladen in Bondi und der bemalte, ausgesägte Fisch aus Palm Beach.

Chief, einer der Golden Retriever der Besitzer, nimmt seinen Platz auf der Couch im Wohnzimmer ein (links). Nordamerikanisches Kunsthandwerk schmückt das Haus. Die Indianerdecke auf dem Sofa und die geschnitzte Figur mit dem Kopfschmuck aus Federn wurden, wie auch der Rinderschädel an der Wand (oben rechts), in Montana gekauft.

SOMMER-
haus

Der intime Innenhof (oben) vor
dem großen Schlafzimmer lädt zu
einem ausgedehnten Frühstück im
Schatten ein.

Das in die Buschlandschaft der Geographe Bay (links) im Südwesten von Westaustralien eingebettete Haus (rechts) wurde
vor rund zehn Jahren von der Architektin Louise St. John Ken-
nedy für eine Familie mit drei Söhnen im Teenageralter entworfen. Die Wände in Ziegelbauweise sind mit sandfarbenem Putz
verblendet, sodass das Haus zu seiner Umgebung passt.

Das Haus kann auf beiden Seiten geöffnet werden, um eine frische Brise durchzulassen. Aus dem Wintergarten gelangt man ins Esszimmer. Auf dem Weg dorthin liegt rechts die Küche und links ein ungezwungen eingerichteter Wohnbereich. Die Böden bestehen aus poliertem Beton, der leicht zu pflegen ist. Das dreieckige Hauptmotiv darauf findet sich in den schmiedeeisernen Y-förmigen Verzierungen der Fenstertüren wieder.

Durch den Wintergarten gelangt man ins Haus.
Der ganze Raum ist vollständig mit einem Holz-
gitter umgeben, dahinter wurden Fliegengitter angebracht. Der Raum liegt nach Norden und
überblickt den Tennisplatz vor dem Haus.

In einer Dusche im Vorgarten (oben) neben dem Tennisplatz kann man nach einem Bad im Meer den Sand abwaschen. Die Holzkonstruktion und die umliegenden Teebäume schützen die Dusche und ihre Benutzer vor Blicken.

Das große Schlafzimmer (gegenüber) führt auf einen separaten gepflasterten Hof. Über den mit einheimischen Gewächsen bepflanzten Garten bietet sich der Blick aufs Meer. Schlichte Materialien – Möbel aus dunklem Holz und Fenstertüren – kontrastieren mit der weißen Bettwäsche und dem Leinenvorhang und verleihen dem Raum eine friedliche Stimmung.

Am Ende der WELT

Schiffsobjekte wie diese Yacht (links) schmücken das Haus. Eine andere Modellyacht, deren Segel vom starkem Wind davongeblasen wurden, ziert die Wetterfahne.

Das Cottage (gegenüber) steht auf dem Grundstück von »Drik Drik«, einem zweistöckigen Strandhaus auf der Mornington Halbinsel, Victoria. In der Sprache der Aborigines bezeichnet dieser Name Kalkstein – das Hauptbaumaterial von Haus und Cottage. Italienische Steinmetze campierten während der zweijährigen Bauzeit auf dem Grundstück. Sie verwendeten Steinblöcke des ehemaligen Leuchtturmwächter-Cottages. Der Bau wurde 1954 fertiggestellt, wirkt aber durch die alten Materialien und die herrschaftliche Innenausstattung viel älter.

Ein Fenster am Ende des Wohnzimmers (oben) umrahmt den Blick auf einen mehr-stämmigen Eukalyptusbaum mit einem eindrucksvollen Geweihfarn. Das Hausinnere mutet durch die unverputzten Steinwände und Dachbalken europäisch an.

Im Winter versammeln sich die Besitzer und Gäste des Hauses um einen schmiedeeisernen Ofen (rechts), der in einem Nebenraum der Küche ständig beheizt wird.

Neben dem großen Wohnzimmer liegt ein Esszimmer (links). Auf dem Boden umgeben Steinplatten Bereiche aus Jarrah-Holzblöcken. Diese stammen von den Trambahngleisen in Melbourne, die vor langer Zeit durch Betonschwellen ersetzt wurden. Die schmiedeeiserne Balustrade stammt von der Tribüne der Ehrenmitglieder des Melbourne Cricket Ground.

Dieses Gästezimmer (oben) schmiegt sich unter die Dachgiebel des Haupthauses. Es ist ganz in Pastelltönen gehalten und für weibliche Gäste gedacht. Eher maskuline Farben bestimmen die Gestaltung eines anderen Gästezimmers.

In einem Gästezimmer im ersten Stock des Cottage hängt eine Lampe aus Alabaster (gegenüber). Das Kopfteil des Bettes ist dem spitzen Dachgiebel nachempfunden. Fenstertüren führen auf einen kleinen Balkon.

Auf
LANDGANG

Das große, modern gestaltete Haus liegt auf einem Hügel über dem Scarborough Beach in Perth, Westaustralien. Es war schon immer ein Blickfang, doch mit dem neuen kobaltblauen Anstrich hat es fast aufdringliche Berühmtheit erlangt. Vermutlich wurde es in den frühen 1950er-Jahren von einer Betonfirma gebaut – ein Beispiel für die funktionalistische Architektur zwischen den Kriegen, die in den Vereinigten Staaten beliebt war. Als der neue Besitzer das Haus entdeckte, war es äußerst reparaturbedürftig.

Innen wie außen ist das Haus in sehr lebhaften Farben gehalten. Wände und Decke des Wohnzimmers, dessen Fläche drei ehemals einzelne Räume umfasst, wurden mit zinnoberroter Schilderfarbe gestrichen. Durch zwei Bullaugen in der Wand blickt man auf ein riesiges Aquarium. Die Böden im ganzen Haus sind aus Sperrholz, das auf Hochglanz gebracht wurde.

Ein alter Lautsprecher verziert die Wand der Haupttreppe (unten). Die äußere Balustrade (rechts), die die zahlreichen Decks und Balkone begrenzt, erinnert an ein Passagierschiff. Sie wurde sorgfältig restauriert. Das Metallgeländer wirkt durch den Anstrich mit bronzefarbenem Emailelack, als ob es aus gehämmertem Metall gefertigt wäre.

Das große Schlafzimmer (oben) mit goldgelb getünchten Wänden und Decke
hat einen eigenen Balkon. Rechts wurde ein begehbarer Schrank eingebaut. In
der Ecke liegt das Badezimmer; es wurde mit dunkelgrünen Fliesen und goldfar-
benen Glasmosaiksteinen ausgestattet.

Die Küche wurde erweitert, indem man die ehemaligen Räume der Bediensteten
integrierte. Der Frühstückstisch steht in einer Ecke des orange gestrichenen
Raumes (gegenüber), den die Nachmittagssonne erhellt. Da Decke, Wände und
Böden aus Beton bestehen, war ein Niedervolt-Seilsystem die einzige Lösung zur
Beleuchtung.

STRANDHÄUSER
von heute

*Das Strandhaus
neu definiert*

Peter . . . war ein Stadtbewohner, der dem Busch

den Rücken gekehrt und sich der See zugewandt hatte, an der, wie er oft sagte,

ohnehin 90 Prozent der Bevölkerung lebten . . .

Er hatte Australiens Volljährigkeit erlebt, er war stolz, Australier zu sein

und hatte nichts übrig für Loyalität gegenüber Europa. Als Architekt entwarf er

Häuser, die sowohl seiner Persönlichkeit als auch der seines Landes entsprachen.

Statt dunkler enger oder ungenutzter Räume legte er Wert auf elegante Linien aus

Holz und Metall, wobei auf keinen Fall die Aussicht zu kurz kommen durfte.

CANDIDA BAKER, THE POWERFUL OWL

Wenn die Australier wirklich ein Küstenvolk sind, müsste das Strandhaus – der Ort, an dem wir unsere Freizeit verbringen – eigentlich unsere bevorzugte Art der Behausung sein. Gerade deshalb ist es interessant, dass die Architektur von Strandhäusern immer schon innovativer war als die von Stadthäusern.

Die Gründe dafür sind vielschichtig. Ohne restriktive städteplanerische Bestimmungen oder die Notwendigkeit, die Nachbarn zu beeindrucken oder sich anzupassen, können Bauherr und Architekt freier experimentieren und so einen eigenen architektonischen Stil entwickeln.

Als Reaktion auf die neue Harmonie des Menschen mit der Landschaft und das gewachsene Umweltbewusstsein wurden auch beim Entwerfen von Strandhäusern in letzter Zeit mehr und mehr die Gegebenheiten der Landschaft berücksichtigt und Formen und Baumaterialien auf die Umgebung des Hauses abgestimmt. Am Strand suchen die Menschen die Verbindung mit der Natur. Strandhäuser müssen sich daher dieser Natur öffnen.

Dies gilt jedoch nicht ohne Einschränkungen. Langjährige Erfahrung mit dem australischen Klima ließ die Ansprüche, was Belüftung und Licht betrifft, steigen. Man möchte nun genau steuern, was eingelassen wird und was draußen bleiben muss, um so das ganze Jahr über ein angenehmes Wohnklima sicherzustellen. Die meisten der in diesem Kapitel beschriebenen Häuser haben Innenhöfe, die vor starken Winden geschützt sind, und Decks, die an der Leeseite des Hauses liegen. Breite Dachvorsprünge, Pergolen oder Markisen schützen viele Häuser vor der heißen Sonne. Obwohl letztere auch bei Stadthäusern verwendet werden, verdanken sie doch ihre erfindungsreichen und modernen Formen dem Strandhaus.

Diese und andere Aspekte von Strandhäusern wie offene Wohnbereiche, fließende Übergänge zwischen Innen und Außen, ein Bewusstsein für Ausrichtung und Lage, ausreichende Belüftung sowie einfache Instandhaltung werden nun auch für Stadthäuser berücksichtigt.

All dies passt nicht nur zu unserem modernen Lebensstil, der unseren Alltag angenehmer gestaltet: Wir trachten vielmehr danach, das Wesen des Strandhauses in unser Stadthaus zu integrieren. Angesichts der zunehmenden Belastungen des Lebens in der Stadt sehnen wir uns abends nach einem ruhigen Ort, der Entspannung verheißt. Welche bessere Möglichkeit gäbe es dafür, als wesentliche Elemente der Strandhausarchitektur aufzunehmen, des Synonyms für einen entspannten Lebensstil schlechthin?

Heute werden wieder vermehrt einheimische Baumaterialien eingesetzt. Lange bevor Wellblech und Eternit in der Stadt verwendet wurden, hat man Strandhäuser damit verkleidet. Es sind dies Materialien, die schon lange in Australien eingesetzt werden, sie haben daher einen gewissen Symbolwert. Heute verbauen Architekten diese Materialien gänzlich unbehandelt, um sie harmonisch mit der Landschaft eins werden zu lassen, und so entwickelt sich eine neue australische Architekturform. Sie nimmt zwar Anleihen aus vergangenen Stilen, ist jedoch weit mehr als reine Wiederbelebung, sondern eine Synthese bewährter stilistischer Konzepte und Ideen.

Die Veranda, die bereits die allerersten kolonialen australischen Häuser umgab, ist ein Element, das sich perfekt für Strandhäuser eignet. Sie bietet Platz zum Sitzen, lädt dazu ein, den Blick schweifen zu lassen, und ist ein geschützter Platz zum Bewirten der Gäste und zum Essen. Sie stellt außerdem einen Übergangsbereich zwischen Innen und Außen dar, an dem man kurz innehalten und sich auf den Tag besinnen kann, bevor man sich der starken Sonne oder strömendem Regen aussetzt.

Auch das Integrieren verschiedener Flügel oder Pavillons stammt aus dieser frühen Zeit des Bauens. Flexibilität bei der Unterbringung wird durch die veränderten Familienstrukturen ein Muss. Oft werden Strandhäuser von mehreren Personengruppen gleichzeitig genutzt. Rückzugsmöglichkeiten für den Einzelnen und Lärmschutz machen die Aufteilung in separate Schlafbereiche und kollektiv benutzte Gemeinschaftsbereiche sinnvoll.

Die meisten der Häuser in diesem Kapitel wurden ihrer innovativen Ideen wegen von Verbänden wie dem Royal Australian Institute of Architects ausgezeichnet. Alle weisen sie Komponenten auf, die für Strandhäuser heute selbstverständlich sind: großzügige Wohnbereiche mit einer zentralen Küche; Räume, die sich direkt ins Freie öffnen; geräumige Veranden, Balkone und Decks, um draußen zu sitzen; neue Techniken und Methoden, um Fenster und Wände vor direkter Sonneneinstrahlung zu schützen; uneingeschränkt gute Belüftung; Schlafzimmer mit eigenen Bädern. Und all diese Häuser gehen auf ihre Umgebung ein, indem sie den Blick auf das Meer, auf den Busch oder auf einen Garten lenken.

Dieses einfühlsame Eingehen auf die Umgebung eines Strandhauses stellt den vielleicht wichtigsten Aspekt dieser Architektur dar. Es zeigt, dass wir auf dem Weg zum Verständnis unserer Umwelt, mit der wir in Einklang leben wollen, sowohl in der Realität wie in unserer Phantasie ein gutes Stück zurückgelegt haben.

Doppel-
BELICHTUNG

Diese beiden Holzhäuser bei Noosa Heads wurden von den Architekten Lindsay und Kerry Clare entworfen. Sie liegen direkt hintereinander und teilen ein schmales Stück Grund vorne zur Straße hin. Ein freier Streifen (rechts) ermöglicht den Besitzern des am Meer gelegenen Hauses sowohl den Blick als auch den Zugang zum Strand. Mehrere zum Strand ausgerichtete Decks an der Hausfront (gegenüber, kleines Bild) werden durch Pergolen und Vordächer geschützt.

Das große Schlafzimmer (oben) schmiegt sich unter die elegante, leicht gewölbte Decke eines Zwischengeschosses mit Blick auf den Wohnbereich. Das Bett mit den integrierten Nachtkästchen wurde von den Clares entworfen.

In dem zum Meer ausgerichteten Haus schaffen hohe Decken und Glaslamellen in den Seitenwänden des Wohnzimmers (gegenüber) ein angenehmes Wohnklima. Seitlich davon liegt die schlicht gestaltete Holz-Küche (links). Durch ein Dachfenster fällt Tageslicht. Die geschwungene Kücheninsel nutzt den Platz optimal aus und sorgt für Bewegungsfreiheit.

SPIELERISCH
denken

Der Architekt Tone Wheeler aus Sydney erhielt den Auftrag, auf einer winzigen abgelegenen Insel an der Küste von Queensland ein Strandhaus für den Schriftsteller und Denker Edward De Bono zu entwerfen. Das Haus sollte leicht instandzuhalten, ökologisch durchdacht, vom Grundriss her flexibel und so entworfen sein, dass man es für längere Zeit unbeaufsichtigt lassen konnte. Dank seines verstrebten Stahlrahmens, der in Sydney angefertigt und dann per Schiff auf die Insel gebracht wurde, steht das Haus leicht erhöht und profitiert so von der kühlen Meeresbrise. Die Außenwände sind mit Symonit-Aluminiumplatten verkleidet.

Die Holzschiebetüren können vollständig in die Wand geschoben werden und schaffen so einen nahtlosen Übergang zwischen dem Hausinneren und den Decks. Wenn das Haus unbewohnt ist, wird es durch Roll-Läden vor den Türen sowie Fensterläden vor der Witterung geschützt. Lamellen unterhalb des Dachgiebels und der Dachvorsprünge sorgen für eine ständige Belüftung.

Von der Küche aus blickt man auf das Meer. Die Zahl der Elektrogeräte beschränkt sich auf ein Minimum, um Energie zu sparen. Regenwasser vom Dach wird aufgefangen und für die Verwendung im Haus in unterirdischen Tanks gespeichert. Die Innenwände sind ausschließlich mit Araukarienholz aus Plantagenanbau verkleidet.

Das Schlafzimmer an einem Ende des Hauses dient zugleich als Schreibzimmer. Unterhalb des Fensters wurde entlang der Wand ein Schreibtisch eingebaut. Das Zimmer hat seine eigene Veranda (gegenüber), die sich am ganzen Haus entlang erstreckt.

Segel
IM WIND

Hinter den Decks aus Tallowholz mit Geländern aus dünnen Edelstahlseilen und Markisen (gegenüber) verbirgt sich ein solider Ziegelbungalow. Da das ursprüngliche Haus dem schönen Blick (rechts) über die Bucht von Pittwater auf das nördliche Sydney in keinster Weise gerecht wurde, entwarfen die Architekten Kristin Utz und Duncan Sanby einen Anbau. Das verjüngte Ferienhaus übt nun wieder großen Reiz auf die Familie und die Tierwelt vor Ort (oben) aus.

Im Wohnzimmer (oben) wurde ein Kamin aus dem Jahre 1940 als Erinnerung an die Geschichte des Hauses erhalten. Der Raum wurde durch Entfernen zweier Wände beträchtlich vergrößert: Eine Wand hatte einen kleineren Raum vorne an der Haustür abgetrennt, eine andere lag auf der gegenüberliegenden Seite, wo nun zwei Stufen in den neuen Essbereich hinunterführen.

Der Ausblick von einem der beiden neuen Schlafzimmer (rechts) im Anbau spiegelt sich in der gläsernen Schiebetür. Beide Schlafzimmer haben ein eigenes Bad. Im Haus wurde sehr viel Blau verwendet, um die Farbe von Meer und Himmel aufzugreifen.

Da zur Familie mehrere leidenschaftliche Köche gehören, wurde die Küche (gegenüber) in den vorderen Bereich des Hauses verlegt, wo sie den Mittelpunkt des neuen Wohnbereichs darstellt. Jetzt hat man auch von dort einen schönen Blick und gelangt von der Küche direkt auf eines der vorderen Decks (oben), auf dem man sich oft zum Essen trifft.

ENTRÜCKTE
Pavillons

Der Architekt John Mainwaring beugte einer Belästigung durch Straßenlärm bei diesem Haus in Noosa vor, indem er es mit einer Seite in einen Hügel baute, der als Lärmpuffer dient. Das Haus besteht aus vier Pavillons mit Pultdächern. Lichtgadenfenster mit geriffelten, durchsichtigen Abdeckungen lassen die Wintersonne ins Innere.

Innen- und Außenwände des Hauses sind mit Sperrholz verkleidet. Sichtbar verlaufende Holzstreben erinnern dabei an den Aufbau alter Fischerhäuschen. Im zentralen Pavillon (unten) sind der Wohnbereich und die Küche untergebracht. Das freiliegende Fachwerk im Dach verleiht dem Raum eine luftige Atmosphäre.

Auf beiden Seiten des zentralen Pavillons liegt jeweils ein Pavillon mit einem Schlafzimmer und einem Bad (oben). In jedem Pavillon gibt es außerdem einen Raum in der Größe des Schlafzimmers, der als Atelier, Büro oder zweites Schlafzimmer genutzt werden kann. Der alte Morris »Woody« (unten) einer Surfschule am Ort fährt vorbei.

Die Küche liegt in einer Ecke des Wohnbereichs. Durch Lichtgadenfenster gelangt das Tageslicht in den Raum. Die roten Fliesen passen gut zur kräftigen Farbe der Arbeitsfläche aus Jarrah-Holz und zu den Holzfußböden.

Eine Seite des Wohnbereiches führt auf eine Veranda nach Westen hinaus. Ein großes Vordach bietet Schutz vor der heißen Nachmittagssonne. Holzlamellen in der Außenwand des Wohnbereichs ermöglichen ständigen Luftaustausch.

Verwitterte SCHÖNHEIT

Durch Glastüren überflutet die Spätnachmittagssonne Küche und Wohnbereich (oben). Sie führen auf ein breites, freitragendes Deck mit Blick auf die nahe gelegene Ortschaft und ihren Strand an der Südküste von Neusüdwales. Die Küchenschränke aus Eschenfurnier werden durch senkrechte Pfosten aus Buchsholz separiert. Die Arbeitsfläche auf der Kücheninsel besteht aus weißem Granit.

Vom Wasser aus vermittelt das Haus einen soliden, verwitterten Eindruck (rechts). Die Holzkonstruktion aus alten Brückenbalken und Bodenbrettern aus Woll-Lagern wurde mit Eukalyptusholz verschalt. Das Ziel des Architekten Clinton Murray war, ein Gebäude zu entwerfen, das so sicher steht wie ein Kai und den heftigen Südwinden standhält.

Der Hauptgang (oben) führt von der Haustür am Innenhof mit dem Pool (gegenüber) vorbei bis zur Küche und zum Ess- und Wohnbereich. Die U-Form des Hauses schafft einen geschützten Außenbereich im Innenhof. Ein Flügel des Hauses ist zweistöckig. Er beherbergt ein geräumiges Schlafzimmer, das genau über dem offenen Wohnbereich liegt. Hinter dem Wohnraum befindet sich ein Gästezimmer mit eigenem Bad. Alle anderen Schlafzimmer liegen im vorderen Bereich des Hauses.

Das große Schlafzimmer (rechts) bietet einen Bereich zum Sitzen, ein separates Ankleidezimmer und ein Bad (oben). Der Schminktisch mit Spiegel ist aus amerikanischer Eiche, der Duschbereich aus Carrara-Marmor. In der Mitte der steinernen Außenmauer am hinteren Ende des Schlafzimmers wurde ein Sandsteinkamin eingebaut. Auf den freitragenden Balkon führt eine verstrebte Holztür.

KÜSTEN-
blick

Die Front dieses von Ed Lipp-
mann entworfenen, östlich ausgerichteten Hauses besteht
ganz aus Glas. Die Rückseite
(rechts) ist mit Sperrholz verkleidet, das am Stahlrahmen
befestigt wurde. Das gewölbte
Dach ist in drei Abschnitte
unterteilt. So konnten Gaden-
lamellen eingesetzt werden,
die für Luftaustausch sorgen.

Die Stahlschiebetüren lassen sich ganz zur Seite schieben,
sodass das vordere Deck (unten) den Wohnbereich übergangslos erweitert. Stahlrahmen stützen das mit sechs Betonpfeilern
sechs Meter tief im Boden verankerte Haus, da aufgrund schwe-
rer Regenfälle an der Südküste von Neusüdwales Bodenerosion
ein Problem sein kann.

Der Wohnbereich teilt sich auf das Erdgeschoss und ein Zwischengeschoss auf. Der zweistöckige Flügel am Südende des Hauses beherbergt zwei Schlafzimmer sowie ein Badezimmer im Erdgeschoss. Im ersten Stock befindet sich eine Suite mit Schlafzimmer, Bad und Arbeitszimmer.

Glatte Oberflächen, wie diese Arbeitsfläche aus Edelstahl, geben in der Küche hinter dem Wohnbereich den Ton an. Die Küche liegt unter einem eigenen Abschnitt des gewölbten Dachs.

TERRA
firma

Die Besitzer dieses Hauses (rechts) an der Bass Strait wünschten sich von der Architektin Kerstin Thompson ein Haus, das solide wie ein Fels sein sollte. So entwarf die Architektin ein Gebäude, das dem Gesteinsschelf am Wasser nachempfunden ist. Das Haus ist aus Ziegeln und Betonblocks gebaut und blau-grau verputzt (unten).

Der Hauseingang befindet sich im rückseitig und nach Westen gelegenen Hof (oben), der vor den landeinwärts wehenden Winden geschützt und sehr sonnig ist. Durch die Glastüren auf beiden Seiten des Hauses ist das Meer allgegenwärtig.

Ein Betonblock unterhalb der Tür, der eher einem Sessel ähnelt, führt in den ungezwungen gestalteten Wohnbereich im hinteren Teil des Hauses. Fenster und Türen entlang der Nord- und Westseite lassen viel Sonne in den Raum.

Von einem Ende des großzügigen, in L-Form geschnittenen Wohnbereichs (rechts) erhascht man einen Blick auf das Schlafzimmer. Am anderen Ende des Wohnbereichs steht ein Esstisch mit Stühlen (unten). Hinter dem Tisch hängt in einer Nische ein großes Ölgemälde, auf das durch ein eigens dafür angelegtes, schmales Dachfenster das Tageslicht fällt.

Der beruhigende Einfluss einer Buddha-Statue neben den Laven-
delsträuchern auf dem Hof (gegenüber) scheint das ganz in Weiß
gehaltene Schlafzimmer (oben) zu durchdringen. Durch das Fenster schweift der Blick über die Teebäume auf das Meer mit seinen
wechselnden Stimmungen.

Neue
PERSPEKTIVE

Das Haus besteht aus zwei Pavillons, die durch eine rückseitige Betonwand und ein Holzdeck verbunden sind. Es liegt eine Autostunde südlich von Sydney, zwischen einem felsigen Hang und dem Meer. Im ersten Pavillon, über den man von der Straße aus ins Haus gelangt, liegt ein großer Wohnbereich. Der Architekt James Grose baute das Haus direkt in die Landschaft (gegenüber, rechts oben). Durch die Neigung des Dachs wird die Wintersonne ausgenutzt, im Sommer hingegen sind die Räume vor der starken Sonne geschützt.

Der Aufbau des Hauses ist ganz einfach: Der Boden, die Kücheninsel (unten) sowie die Rückwand bestehen aus Betonguss. Die Decken sind mit feuerverzinktem Aluminiumblech verkleidet; das Haus hat einen Stahlrahmen. Eine horizontale Nische verläuft entlang der Rückwand des Wohnbereichs (links). Im Winter wird das Haus von der in der Wand gespeicherten Wärme und in besonders kalten Nächten durch ein Kohlefeuer im Kamin gewärmt.

Von der Veranda oder dem Wohnbereich aus gesehen, bildet der felsige Hang hinter dem Schlafzimmerflügel einen interessanten Hintergrund. Dieser Flügel kann nur über den Außenbereich erreicht werden. Er soll, so der Wunsch des Besitzers, die Bewohner an die umliegende Landschaft erinnern.

Im Winter überflutet die Sonne durch die nach Norden weisenden Lamellenfenster das große Schlafzimmer. Die eingebauten Bücherregale hinter dem Bett gehören zu den wenigen, eigens für das Haus angefertigten Stücken. Das entspricht dem Wunsch des Besitzers nach einem einfachen, funktional eingerichteten Haus mit industriell gefertigten Materialien.

IN freier WILDBAHN

Das »Surf Beach House« liegt in der unberührten Land-
schaft von Phillip Island, Victoria. Ursprünglich war das
Haus ein zweistöckiger quadratischer Kasten mit einer
Seitenlänge von jeweils sechs Metern. Um die kantige
Form ein wenig aufzulockern, ließ das Architekturbüro
Maddison nachträglich Decks, erhöhte Fensterrahmen
und Vordächer anbauen.

Ein auf halber Höhe verlaufender Balkon, der das Haus auf drei Seiten umgibt, ermöglicht einen Panoramablick über die Insel und den Ozean. Noch besser ist der Ausblick vom Deck auf dem Hausdach. Solide gebaute Balustraden bieten Schutz vor starken Winden, während die Holzlatten vor den Fenstern vor der Sonne aus dem Westen abschirmen. Das Haus ist mit einer ungestrichenen Eternitzementverschalung verkleidet.

Eine Wendeltreppe verbindet das Erdgeschoss mit dem ersten Stock, sie führt weiter bis zum Dachdeck. Im Erdgeschoss befinden sich ein Gästezimmer, ein Bad und eine
Waschküche, während der erste Stock einen großen Raum
mit Küche, Schlaf- und Wohnbereich (oben und rechts) beherbergt. Dank der Einbauschränke bleibt mehr Platz für
andere Möbel. Doppelt isolierte Fenster und Türen schützen das exponiert liegende Grundstück vor den Unbilden
der Witterung.

Zwischen zwei WELTEN

Dieses vom Architekturbüro Kerry Hill entworfene Haus im Südwesten Westaustraliens besteht aus einem Wohn- und einem Schlafpavillon, die von einem Korridor getrennt werden. Sie umgeben einen geschützten sonnigen Innenhof mit Pool. Der vordere Wohnpavillon ist eine luftige Konstruktion aus Stahl und Glas, der hintere mit gestampfter Erde und Holzelementen angelegt.

In der Wohnecke des großen Wohn- und Essbereichs im vorderen Teil des Hauses stehen zwei Alvar-Aalto-Sessel (rechts).

Die minimalistisch gestaltete Küche wird von einer Kücheninsel aus hellem Terrazzo und Edelstahl dominiert. Hinter einer Türreihe liegen ein in die Wand eingebauter Ofen, die Speisekammer und der Kühlschrank.

Über goldfarbene Wiesen schweift der Blick von der durch-
gehend verglasten Fassade des Wohnpavillons aus zu
Bäumen in der Ferne, zwischen denen man manchmal
einen Blick auf den Indischen Ozean erhascht.

Ein schmaler Pool mit dunkelbraunen Glasmosaikfliesen liegt in dem kleinen verglasten Innenhof im Zentrum des Hauses. Dahinter verläuft der Korridor zwischen vorderem und hinterem Pavillon, durch den bei gemäßigtem Wetter eine frische Brise streichen kann.

Das Gästezimmer (links) und ein zugehöriges Bad (gegenüber) liegen in einem Pavillon abseits vom Haupthaus. Er bietet den Gästen als auch den Besitzern des Hauses Ungestörtheit. Die Wände aus gestampfter Erde, einem in dieser Gegend üblichen Baumaterial, schützen vor kalten Südwestwinden.

Alle Badezimmer wurden mit einem Minimum an Farben und Materialien ausgestattet: einfache weiße Einbauten, verchromte Wasserhähne, heller Terrazzo, Fliesen in gebrochenem Weiß, polierte Betonböden. In den Wänden des Schlafpavillons liegen quadratische Fenster auf verschiedenen Höhen und ermöglichen so einen Blick auf die umliegende Landschaft.

Leichtigkeit des SEINS

Innen wie außen folgt das Haus sehr einfachen Formen. Die Küche (oben) liegt gegenüber dem Ess- und Wohnbereich. Deren Arbeitsbereich ist dem Blick durch eine Mauer verborgen. Hinter der Küche liegen ein Bad und das Schlafzimmer.

Das von Craig Rosevear entworfene Stahlgerüst des Hauses wurde vorgefertigt, verzinkt und mit Bohrlöchern versehen zu dem Grundstück in der Nähe von Hobart transportiert. In nur vier Tagen wurde es aufgebaut. Fertighaus- und Stelzenbauweise respektieren die Lage des Grundstücks in einem Naturschutzgebiet.

Der Kunde wünschte sich ein offen angelegtes, minimalistisches Haus mit Fenstern in allen Hauptbereichen. Auch sollte es möglichst viel von der umgebenden Landschaft »einlassen«. An beiden Hausenden gehen Böden und Dach in Decks über.

Der Architekt entwarf auch eines der Betten im Haus: eine freitragende
Stahlplattform, die in der Wand verankert ist und in den Raum hinein-
ragt. Vom Schlafzimmerfenster und dem davor liegenden Deck aus
blickt man auf den Busch und die Pipe Lagoon in der Ferne.

FESTUNGS-
Mentalität

Die kantige Architektur des Strandhauses der Familie von Barrie Marshall auf Phillip Island, Victoria, passt sich seiner windgepeitschten Umgebung perfekt an. Dem Blick fast verborgen, schmiegt es sich in die Dünen. Über einen von Mauern umgebenen Hof gelangt man ins Haus. Dieses wurde aus schwarzem pigmentiertem Beton und verzinktem Stahl erbaut. In der Breite bietet es nur einem Raum und einem Korridor Platz. Eine Stahlwand zum Hof hin (oben) verweist auf die Eingangstür.

Von der Edelstahlküche und dem Essbereich aus (oben) blickt man an den Säulen der Terrasse vorbei auf den Strand. Die Böden im ganzen Haus sind aus poliertem schwarzen Terrazzo.

Ein unerwarteter Blick auf das Hausinnere und das Meer hinter dem Haus (gegenüber) bietet sich durch ein Fenster gegenüber dem Hof. Bunte Pferdedecken über Sofas und Sesseln kontrastieren mit der ansonsten asketischen Gestaltung der Innen- und Außenwände. Auf dem Hausdach wachsen einheimische Pflanzen. So entsteht der Eindruck, dass das Haus in die Dünen eingegraben ist.

Die im Korridor aufgehängten Instrumente (links) zeigen dem Bewohner auf dem Weg nach draußen die Lage des Wetters an.

Drehtüren aus Stahl trennen die Zimmer entlang des Korridors (rechts). Vom Eingang aus gelangt man direkt in Esszimmer und Küche, dahinter ist das Wohnzimmer. Entgegengesetzt liegen die Waschküche, zwei Schlafzimmer, ein Bad, das große Schlafzimmer und ein zugehöriges Bad mit beeindruckend klaren Linien (oben rechts). Kleine Fenster auf Bodenhöhe spenden dem Korridor Licht.

Sehr futuristisch mutet die große, schräg stehende Stahlplatte als Kopfteil des maßgefertigten Betts im großen Schlafzimmer an. Von einer Seite des Zimmers blickt man auf den Strand und das Meer dahinter, die Fenster an der anderen Seite zeigen auf den geschützten grasbewachsenen Vorhof.

AUS DER NÄHE
betrachtet
Strandhaus-Details

. . . Hinter ihnen, direkt am Meer, mehrere Vororthäuser, die man in einem

Vorort der Mittelschicht irgendwo in der westlichen Welt finden könnte . . .

die Verschiedenartigkeit architektonischer Stile war extrem, ja beeindruckend, in ihrer

Zufälligkeit und Nichtbeachtung der klimatischen und landschaftlichen Gegebenheiten:

ein Tudor-Haus neben einem Haus im Mittelmeerstil, daneben drei oder vier schmuck-

lose, dem Wind ausgesetzte Blöcke, die zum Verkauf standen, ein Cape Cod oder zwei,

einige Ranch-Experimente und ein Gebäude im australisch-römischen Stil. Einige Ge-

meinsamkeiten hatten sie aber alle: Im Vorgarten surrte eine Sprinkleranlage, und der

Rasen und die Autos wurden durch Mauern vor dem Seewind geschützt.

ROBERT DREWE, THE BODYSURFERS

Vor noch nicht allzu langer Zeit wollten die meisten Menschen, dass ihre Häuser makellos und altertümlich aussehen. Da die Häuser in Australien in der Regel nicht sehr alt sind, gab und gibt es wenig Beispiele für würdevolle alte Gebäude.

Viele Australier stellen heute nach ihren Reisen ins Ausland wesentlich höhere Ansprüche an Design-Aspekte als früher. Wir haben begonnen, die Patina des Alters und die damit verbundene Bereicherung und Tiefe eines Hauses zu schätzen. Wir verdanken dies zum einen der nationalen und internationalen Umweltbewegung und zum anderen unserem eigenen Bewusstsein für die Umwelt, das sich auf alle Bereiche von Design, Kunst und Mode auswirkt. Die Makellosigkeit von früher wird mittlerweile als unpassende, oberflächliche Verkleidung angesehen. Heute ist die Ursprünglichkeit und Unverfälschtheit natürlicher Materialien gefragt, die im Laufe der Jahre langsam verwittern.

Der Einsatz von wieder verwendeten Materialien wird angesichts der knapper werdenden Rohstoffe ein Muss. Holz gehört heute zu den wertvollsten Materialien, und große Holzblöcke stammen oft von alten Industriegebäuden oder Kais. Verwittertes Holz verleiht einem Haus Charakter und Patina, wodurch es sich besser und schneller in die Landschaft einfügt. Strandhäuser haben im Vergleich zu Stadthäusern eine lange Vergangenheit hinsichtlich ihrer Ökologie: Schon früh wurden Strandhäuser aus wieder verwendeten Materialien gebaut oder entstanden, lange bevor der Begriff Wiederverwendung in Mode kam, aus umgebauten Bootshäusern oder Schuppen.

Gleichzeitig werden wieder Materialien verwendet, die von vielen als typisch australisch angesehen werden. Wellblech und Eternit wurden an vielen Orten und über lange Jahre hinweg in diesem Land eingesetzt, sodass ihnen ein nostalgischer und nationaler Charakter anhaftet, der diesen Häusern ein spezielles australisches Flair verleiht.

Diese Materialien werden heute jedoch ganz anders eingesetzt, was ihnen einen neuen Reiz verleiht. Mit Wellblech werden sowohl Innen- und Außenwände als auch Dächer verkleidet. Da Wellblech gebogen und gerollt werden kann, experimentiert man mit geschwungenen und gerollten Dachformen, die zum Beispiel einer Welle oder einer vom Wind geformten Sanddüne nachempfunden sind. Schräge Dächer ahmen die von unaufhörlichen Winden geprägte Küstenvegetation nach.

Eternit wird heute selten angestrichen. Da es auch nicht mehr aus gesundheitsschädlichem Asbest, sondern aus Sand, Zement und Zellulosefasern hergestellt wird, ist es wieder genauso beliebt wie früher: Es ist billig, leicht zu bearbeiten, bietet viele Verwendungsmöglichkeiten, und auch große Häuser können problemlos damit verkleidet werden.

Große Häuser aus preisgünstigem Eternit kosten genauso viel wie kleine Häuser aus anderen Materialien. Das Gesparte lässt sich zum Beispiel auch in die Innenausstattung oder in aufwendigere Installationen investieren.

Für Eternit sprechen aber auch seine Beständigkeit und sein Aussehen – manche Architekten haben es sogar zu ihrem Markenzeichen gemacht. Sein Einsatz in der modernen Strandhausarchitektur hat Eternit richtig in Mode gebracht. Es erobert sich immer mehr seine Position als günstiger, praktischer und auch ästhetisch ansprechender Baustoff zurück.

Bei einem Strandhaus werden heute fast immer Eternit, Metall (Wellblech, Kupfer oder rostfreier Stahl), Glas und Holz (wieder verwendetes Hartholz sowie Schiffsbau-Holz) eingesetzt. Regionale Unterschiede basieren immer auf dem Klima und den Bedingungen vor Ort, der Verfügbarkeit und den örtlichen Traditionen. In heißeren Gegenden mit hoher Luftfeuchtigkeit dominieren Wellblech und Sperrholz. Dort findet man auch Lamellenfenster, breite Veranden oder Vordächer, die Schatten für Wände und Fenster spenden, sowie Glaswände, die zur Seite geschoben oder weggeklappt werden können, um den Luftaustausch zu ermöglichen. Häuser in den Tropen werden dort gebaut, wo sie von der Seeluft profitieren, das heißt auf Hügeln oder, nach dem Vorbild der Häuser in Queensland, auf Stelzen.

Weiter im Süden finden stabilere Materialien Verwendung, um die Häuser und ihre Bewohner das ganze Jahr über vor den starken Meereswinden zu schützen. Die Häuser werden hier im Allgemeinen eher niedrig gebaut, sie schmiegen sich in die Dünen oder in die Vegetation und haben integrierte Innenhöfe, die das Sonnenlicht einfangen. Sowohl die Architektur der tropischen Häuser mit ihren zahlreichen Holz- und Gitterelementen als auch vergleichbare Dachformen haben sich in den südlichen Staaten und in Städten durchgesetzt.

In ganz Australien finden in der Strandhaus-Architektur aus dem Schiffsbau stammende Materialien und Methoden Anwendung, die die Außenbereiche vor der starken Sommersonne schützen. Edelstahlseile dienen oft als Balustraden oder als Pergolen für Kletterpflanzen. Die Nähe zum Schiffsbau zeigt sich auch in segelförmigen Stoffvordächern für Terrassen, Decks, Innenhöfe und Balkone.

Solche Innen- und Außenbereiche stellen eine Herausforderung für die Architektur dar: Ein Strandhaus ist nicht vollständig ohne einen Bereich, der weder außen noch innen liegt, sondern beides verbindet. Er muss Schutz vor der Witterung bieten, darf aber die frische Seeluft oder das Sonnenlicht nicht aussperren.

FENSTER-
spiele

Schattenspender vor den Fenstern machen ein Haus kühler als Jalousien im Hausinneren. Eine Möglichkeit sind Außenjalousien (rechts) aus Metall. Auf beiden Seiten des Fensters angebrachte Schienen sorgen für einen festen Halt der Jalousien.

Im Eco Beach Resort in der Nähe von Broome an der Nordwestküste Westaustraliens werden die Fenster der Strandhütten mit Segeltuchplanen (gegenüber) ganz abgedeckt. Breite Dachvorsprünge spenden Schatten.

Brit Andresen und Peter O'Gorman, die Architekten dieses Hauses (gegenüber) auf Stradbroke Island (Queensland), verwendeten für die Außenwand des Wohnzimmers gewelltes, undurchsichtiges Fiberglas, das innen und außen mit horizontal verlaufenden Leisten aus Hartholz verkleidet wurde, um interessante Schatten herzustellen.

In diesem Wohnzimmer (oben), das von Utz-Sanby entworfen wurde, gibt es drei verschiedene Fensterformen. Auf dem Glasdach regeln elektronisch regulierbare Metall-Lamellen die Sonneneinstrahlung, während Lamellen unten eine frische Brise ins Haus lassen. Die schräge Holzverkleidung am Eckfenster garantiert Ungestörtheit, ohne den Ausblick zu behindern.

Außerhalb von Broome liegt die »Deepwater Point Pearl Farm«. Sie ist ganz im regionalen Stil gestaltet und an die extreme Hitze und die hier auftretenden Zyklone angepasst. Die Holzvordächer können bei ruhigem Wetter auf Streben aufgestellt werden. Droht ein Zyklon, werden sie eingeklappt und mit Querleisten verriegelt.

Zweigeteilte Fenster ohne eine horizontale Schiene ermöglichen den Bewohnern dieses von Clinton Murray entworfenen Hauses den uneingeschränkten Blick über die Ortschaft an der Südküste von Neusüdwales. Die nach Südwesten liegenden Fenster sind getönt, um gleißendes Licht zu vermeiden und für angenehme Temperaturen zu sorgen.

In diesem von Kerry Hill entworfenen Haus in Westaustralien wurden außen vor den Fenstern nach Norden und Westen horizontale Holzleisten befestigt. Die schräg angebrachten Leisten schützen das Schlafzimmer vor der heißen Sommersonne, behindern aber nicht die Aussicht.

MARKISEN
& Jalousien

Auf einen verzinkten Stahlrahmen aufgezogene Segeltuchmarkisen (rechts) spenden Schatten auf dem Deck des eigens für Filmaufnahmen errichteten Strandhauses (siehe Seiten 44–49). Die oberhalb der Lamellentüren und -fenster ausgeschnittenen Seetangformen sorgen für ständigen Luftaustausch.

Bei diesem Haus am Whale Beach, Neusüdwales (rechts) zerstreute James Grose von der Firma Bligh Voller Nield das einfallende Sonnenlicht mit ungleich langen Bambusstöcken, die an Stahlrahmen befestigt wurden. Außenjalousien aus Metall spenden Schatten an einem Nordfenster.

Eine ausziehbare Markise aus Segeltuch erzeugt ein Spiel aus Licht und Schatten auf dem Holzdeck des von Tone Wheeler entworfenen Hauses bei Pearl Beach, Neusüdwales. Die Stoffbahnen filtern nicht nur das Sonnenlicht, sie lassen auch frische Luft durch. Verstellbare Lamellen aus Metall über den Schiebetüren und Fenstern spenden zusätzlichen Schatten dort, wo er gerade gebraucht wird.

Zwei segelförmige Markisen sind über den nach Norden liegenden Innenhof dieses Hauses an der Küste von Neusüdwales gespannt. Sie werden mit Edelstahlseilen am Haus und auf der anderen Seite an einem Metallpfosten befestigt, der an der Hauswand verankert ist.

Die Markise (oben) für diesen Balkon ist an Metallpfosten befestigt, die an die Balustrade geschweißt wurden. Aufgrund der starken Winde in dieser Gegend wurde die Markise zusätzlich mit Edelstahlseilen an mehreren Stellen im Garten verankert. Das von
Rob Pullar entworfene Haus liegt an der Küste von Neusüdwales.

Eine dreieckige Markise wirft Schatten auf den Eingang dieses Strandhauses (gegenüber) bei Flinders, Victoria. Vor den Lichtgaden nach Norden wurden Metalljalousien
angebracht.

DECKS
& Veranden

Zwei freitragende Balkone sind an dem zweistöckigen Haus (unten) angebracht, das von Clinton Murray entworfen wurde. Vom Obergeschoss aus (rechts) hat man einen Panoramablick. Ein seitlich ausgestelltes Fenster erweitert die Aussicht auf einen Berggipfel in der Ferne.

Dieses Haus der Architekten Brid Andresen und Peter O'Gorman auf Stradbroke Island (rechts) hat zwei Decks: Das obere mit Meeresblick ist mit Steildach und einer geflochtenen Hartholzbalustrade ausgestattet. Das untere ist lediglich eine Plattform über der Buschvegetation.

Bei diesem Haus (siehe Seiten 14–19) ergeben parallel verlegte alte Eisenbahnschwellen aus dem Holz des Roten Gummibaumes eine kaiähnliche Terrasse. Geschützt ist sie durch die Pergola aus Teebaumästen, die auf gabelförmigen Baum-
stämmen aufliegen. Um die Pfosten geschlungene Taue erinnern an eine Reling.

Ein Großteil der Balustrade dieses Balkons, der das Haus auf Phillip Island (Be-schreibung auf den Seiten 118–121) auf drei Seiten umgibt, ist mit ungestrichenen Eternitplatten abgedeckt, um die Bewohner vor dem Wind zu schützen. Die senk-rechten Stahlwinkel der Balustrade ragen nach unten hinaus.

An der Vorderseite dieses von Clinton Murray entworfenen Hauses (Beschreibung auf den Seiten 98–103) wurden freitragende Decks (rechts) angebracht, in deren Holzboden Kreon-Lampen eingebettet sind. Ihr Licht hebt nachts die Konturen der Hausfassade und der Balustraden aus wieder verwendetem Holz und Stahlkabeln hervor.

Neben der Küche dieses von Kerry Hill entworfenen Hauses (siehe Seiten 122–127) lädt ein nach Nordosten ausgerichtetes Deck zu einem entspannten Frühstück ein. Es wird von einer Mauer aus gestampfter Erde und Holzbalken umgeben, die Schutz vor den kalten Südwinden bietet.

Die überdachte Veranda der »Deepwater Point Pearl Farm« nördlich von Broome
wird, wie in den meisten Häusern an der Nordwestküste Westaustraliens, als
Wohnbereich genutzt. Sie grenzt an die Schlafzimmer. Wände und Decken sind
mit Wellblech verkleidet, auf dem Boden wurden Dielen aus Jarrahholz verlegt.

AUSSEN-
materialien

Die zwei Schornsteinkappen (unten) dieses Hauses (siehe Seiten 98–103) lockern die strenge Fassade auf. Durch die geöffneten vorderen Doppeltüren kann man durch das Haus auf das Meer schauen. Den zurückgesetzten Eingang umgeben alte Holzbalken (oben links) mit einer Ver-schalung aus Eukalyptusholz.

Im geschützten vorderen Innenhof dieses von Clinton Murray entworfenen Hauses (unten) bestehen Deck und Hausfassade aus den gleichen Balken. Der Innenhof wird von einem hohen Zaun aus schmalen Hartholzleisten umgeben, die in der Austern-fischerei vor Ort verwendet werden.

Der Architekt Robert Riddel entwarf dieses mit Eternitplatten verkleidete Strandhaus auf Stradbroke Island, Queensland, ursprünglich als Erweiterung des Nachbarhauses aus den 1950er-Jahren. Später wurde es ein eigenes Gebäude. Der dreieckige Balkon vorne ähnelt einem Schiffsbug. Die hohe, gebogene Balustrade aus quer verlaufenden Holzleisten schafft Privatsphäre und lenkt den Blick nach Osten.

Gegenüber: Dieses von Kerry und Lindsay Clare in Noosa, Queensland, entworfene Haus ist mit verschiedenen Materialien verkleidet. Das Erdgeschoss wurde nur verputzt, während der erste Stock mit einer Verschalung verkleidet ist. Gestrichene Platten aus gepresstem Eternit säumen eine Holzleistenwand, die das zurückgesetzte Fenster im Obergeschoss abschirmt.

Vom Turm (links) dieses vom Architekturbüro Donovan Hill, Queensland, entworfenen Hauses auf Stradbroke Island erhascht man einen Blick auf den Ozean. Die Verkleidung besteht aus gepresstem Eternit und senkrechten Hartholzleisten. Das freitragende Dachdeck über dem Fenster spendet Schatten.

Unten: John Mainwaring wählte als Verkleidung für das Haus (siehe Seite 94–97) Sperrholz und für die Verbindungswege zwischen den Pavillons gewellten Zinkalaun.

Die Rückwände dieses Hauses mit seinen zwei Pavillons (siehe Seiten 122–127) sind, wie bei vielen anderen Häusern im Südwesten Westaustraliens, aus gestampfter Erde. Sie kontrastieren mit der Glas- und Stahlkonstruktion des vorderen Pavillons und bieten zur Straße hin eine nahezu durchgehende Fassade.

Die Mauerblöcke dieses von Kerstin Thompson entworfenen Hauses (siehe Seiten 108–113) wurden mit pigmentiertem Zement (rechts) verputzt. Je nach Tageszeit und vorherrschendem Licht schwankt die Farbe der Mauern von Blaugrau bis hin zu einem rauchigen Lilaton.

Die Vorderseite dieses einfachen Briefkastens besteht aus einer verwitterten Metallplatte. Fünf horizontale Leisten schließen die Oberkante der Rückwände im ganzen Haus (siehe Seiten 114–117) ab. Große Metallwinkel stützen eine Seite des abgeschrägten Daches.

Gärten
AM MEER

Mit der Natur arbeiten

Ich liebe dieses Haus . . . weißes Holz mit durchgehenden Fenstern, das Haus blickt in den Dschungel. Ich liebe diesen am Hang gelegenen Garten, in dem ausgelassene Buschgeister ihr verrücktes Spiel treiben, den Wald aus Teebäumen und Akazien, durch deren verwobene Kronen die Sonne bizarre Muster auf den Boden malt. Ein wilder Ort. Man sieht nicht, wo er endet, da der Rasen in Teebaumgestrüpp aus knorrigen Ästen und Lichtungen voller blassgrüner, wie Tränen geformter Blätter übergeht.

JOANNA MURRAY SMITH, *TRUCE*

Ein Garten am Meer stellt vermutlich die größte Herausforderung für einen Gärtner dar. In Reichweite der Meeresgischt müssen Pflanzen mit salzigen Seewinden und mageren Sandböden oder steinigem Untergrund zurechtkommen. Der Versuch, hier einen Vorortgarten mit exotischem Flair anzulegen und zu erhalten, würde unendliche Mühen und Zeit erfordern. Abgesehen davon würde er gar nicht hierher passen.

Wie wäre es stattdessen mit Pflanzen, die von Natur aus am Meer wachsen, die also an diese Bedingungen angepasst sind? Ihr Garten würde sich übergangslos in die Landschaft einfügen und der Blick zum Wasser, einer Klippe oder dem Busch wäre einheitlich und harmonisch.

Das muss nicht bedeuten, dass Sie den Garten nicht nach Ihren Wünschen gestalten können. Sie bauen lediglich auf Bestehendem auf und wählen dabei Pflanzen, die unter ähnlichen Bedingungen gedeihen. Auch die Pflege hält sich so in Grenzen – ein wichtiger Aspekt bei einem Garten, der über lange Zeiträume hinweg sich selbst überlassen sein wird.

Um ein Haus herum herrschen verschiedene Mikroklimata, die jeweils für unterschiedliche Pflanzen geeignet sind. Dies trifft ganz besonders auf Gärten in Meeresnähe zu. So kann der Vorgarten beispielsweise extrem dem Wetter ausgesetzt sein, während der Garten hinter dem Haus relativ geschützt liegt. Es gibt sonnige Innenhöfe, in denen beinahe alles vertrocknet, oder zugige,

170

enge Durchgänge, die den ganzen Tag überwiegend im Schatten liegen. Für jeden dieser Bereiche müssen Sie eigene Pflanzen zusammenstellen.

Die oft ungewöhnliche und einzigartige Architektur von Strandhäusern regt dazu an, die umliegenden Gärten genauso gewagt zu gestalten. Die Pflanzen können bestimmte architektonische Eigenheiten wie Farbe und Form unterstreichen. Viele Pflanzen, die in rauhen Gegenden gedeihen, haben interessante Formen, anderen wiederum hat der Wind eine spektakuläre Gestalt verliehen.

Jeder Garten am Meer – ob natürlich oder exotisch angelegt – profitiert, wenn der Boden verbessert und ein Windschutz errichtet wird. Pflanzen können das Wasser in Sandböden oft nicht nutzen, da es zu schnell durchsickert. Es gibt jedoch die Möglichkeit, die Speicherkapazität durch Eingraben organischen Materials wie Kompost zu erhöhen. Decken Sie zu diesem Zweck den Boden mit einer dicken Schicht aus Rindenmulch, Stroh, Laub oder auch Seetang ab, um die Feuchtigkeit zu speichern und Unkraut einzudämmen. Ist der Mulch irgendwann abgebaut (wodurch dringend benötigte Nährstoffe in den Boden gelangen), müssen Sie eine neue Schicht auflegen.

Beim Windschutz gibt es mehrere Möglichkeiten. Sogar eine leichte Erhöhung oder Dünen schützen einen Garten vor den schlimmsten Winden. Eine Reihe widerstandsfähiger und salzverträglicher Pflanzen zum Meer hin kann einen Windschutz ersetzen oder seine Höhe und damit Wirkung verstärken. Diese Hecke steht dann an erster Front, hinter ihr finden die empfindlicheren Pflanzen Schutz. Über einen festen Zaun dagegen würde der Wind hinwegfegen und alles dahinter zu Boden drücken. Und wer möchte, abgesehen davon, auf einen Zaun schauen?

Verzichten Sie bei der Auswahl der Pflanzen auf Gewächse, die zu sehr wuchern. Cotoneaster und *Ochna serrulata* mit ihren far-

benprächtigen Beeren wachsen problemlos. Liguster, Wandelröschen (nicht die Gartensorte), Sommerflieder, Winde, Rhaphiolepis, Blumenrohr, Kapuzinerkresse, Italienischer Lavendel, Freesien, Gewürzrinde, Mädchenauge und einige Ginsterarten hingegen können fast zur Plage werden.

Von einheimischen Pflanzen profitieren auch viele Tiere. Man erhält so die empfindlichen Ökosysteme, die mit zunehmender Bebauung der Küstenstreifen immer mehr verschwinden. Blüten ziehen Insekten an, die wiederum Vögel anlocken. Bald wird Ihr Garten voller Farbe und Leben sein, wenn kleine Vögel auf der Suche nach Nektar oder Insekten in den Büschen umherfliegen.

Planen Sie unbedingt Bäume mit ein, die mit ihrem Schatten dafür sorgen, dass das Haus im Sommer kühler ist. In ihrem Schatten können zudem auch kleinere Pflanzen gedeihen, die keine direkte Sonne vertragen. Und zwischen den Bäumen ist ein idealer Platz für eine Hängematte.

Wählen Sie für Ihre Mauern, Decks, Pfade und Stufen Materialien, die wenig Pflege brauchen und gut verwittern. Holz und Stein fügen sich sehr schnell in einen Garten ein, was einen zusätzlichen Qualitätsgewinn bedeutet.

In einem beleuchteten Garten wird man sich auch nach Sonnenuntergang gerne aufhalten. Der Duft von trocknendem Gras und von Blüten wie Frangipani sowie das leise Rauschen des Meeres im Hintergrund lassen den Garten auch in der Dunkelheit zu einem Ort voller Eindrücke werden. Niedervolt-Halogenlampen sind beständig und anspruchsvoll, aber auch einfache Bambusfackeln oder Laternen verleihen einem Garten einen eigenen, zauberhaften Charme.

Ein Garten ist schließlich nicht nur das Gelände um ein Haus herum, das man durchquert, wenn man zum Strand will. Als eigenständiger Lebensbereich ist er Teil des Strandhauses und aller Erinnerungen, die Sie damit verbinden.

STRAND-
Garten

Das Israelgras auf den Dünen des Callala Beach, Neusüdwales, wirkt der Erosion entgegen (rechts). Auf Kangaroo Island an der Küste Südaustraliens bilden *Westringia fruticosa,* einheimische Gräser, Sukkulenten und Graumelde einen bunten Teppich zwischen den Felsen.

Häufig in australischen Dünen zu finden: *Carpobrotus aequilaterus* (unten), eine kriechende Sukkulente.

Neben dem Israelgras und Bitou-
büschen wachsen auf Callala Beach
auch Aloe, Arctotis, Freesien,
Kapuzinerkresse und robuste Pelargonien, deren Samen der Wind aus
Privatgärten herübergetragen hat.

SUKKULENTEN-
Garten

Ein Haus im mediterranen Stil (gegenüber) bei Pearl Beach, Neusüdwales, umgeben Aloe und Yuccapalmen sowie selbstgezogene gelbe Gazanien.
Ein Eternit-Bootshaus (unten) bei Maianbar, Neusüdwales, mit einer Gruppe von *Agave attenutata* und einer prächtigen *Euphorbia*.

Im Uhrzeigersinn von unten: Aloe arborescens, Echeveria elegans, eine gesprenkelte Aloe-Hybride. Sukkulenten sind pflegeleicht und gute Topfpflanzen.

175

Mediterraner GARTEN

Ein Meer aus üppig blühenden Pflanzen in einem Garten am Meer (unten). Calendula und Margeriten mischen sich mit blühendem Boretsch und Anis.

In einem küstennahen Garten bei Whale Beach, Neusüdwales (gegenüber), wächst eine Gruppe von *Echium candicans* (Natternkopf) neben einer Gruppe einheimischer Casuarinas. Die üppigen lilafarbenen Blüten (oben) locken Bienen an. Eine andere, für Gärten am Meer gut geeignete Pflanze ist *Eryngium* (oben links), auch Edeldistel genannt.

COTTAGE-
Garten

Agapanthus, Veronika und Graumelde sind durch den Zaun (unten) zu sehen. Eine Teebaumhecke schützt das Cottage vor neugierigen Blicken und wächst über das Gartentor. Vor dem Zaun liegt ein Meer aus gelben Gazanien und rosa Pelargonien.

Hemerocallis (unten) gehören zu den Blütenpflanzen, die salziges Klima tolerieren.

Im Schutz der großen Hecke wachsen im Garten des Cottage (siehe Seite 24–29) *Camellia japonica,* Veronika, eine »Tom-Thumb«-Fuchsie, Lavendel und *Chrysanthemum maximum.*

TROPISCHER
Garten

Eines der ältesten Häuser (oben) bei Myilly Point, Darwin, mit Blick auf
Fannie Bay, umgeben Farne und Palmen. Eine interessante Ansicht bietet
der gefächerte Stamm einer alten Palme (oben rechts). Die farbenprächti-
gen Bromelien (rechts) benötigen Halbschatten und viel Wärme.

Hibiskus, wie dieser *Hibiscus rosa-sinensis* »Jay's Orange«, verträgt keinen starken Wind. Die Blüten überdauern in der Regel nur wenige Tage. Ein sonniges Plätzchen sorgt aber dafür, dass ein Hibiskus vom späten Frühling bis in den Herbst üppig blüht.

Die Blätter von *Codiaeum variegatum* (Croton) bieten eine große Farbenvielfalt. Sie benötigen Temperaturen über 10 °C und bevorzugen Halbschatten sowie einen nährstoffreichen, feuchten und gut durchlüfteten Boden. Ein buschiges Wachstum erreicht man durch Stutzen der jungen Triebe.

Kniphofia sind robuste Pflanzen, die fast überall gedeihen, allerdings einen feuchtigkeitsreichen und luftigen Boden benötigen. Der englische Name – red-hot poker – ist irreführend, da die Pflanze in vielen Farben blüht: grün, cremefarben, gelb, orange und in etlichen Rottönen.

Die großen und eleganten Canna-Lilien setzen Akzente. Sie sind wegen ihrer eleganten Blätter und bunten Blüten beliebt. Bevorzugt gedeihen sie an einem warmen, sonnigen Plätzchen mit nährstoff- und feuchtigkeitsreichem Boden. Entfernen Sie die Samen, um eine Verbreitung zu verhindern.

BUSCH-
Garten

Die große Leidenschaft des Besitzers dieses von Jim Koopman entworfe-
nen Hauses (gegenüber) nahe Palm Beach, Sydney, ist die einheimische
Flora und der Busch. Sein Haus ist umgeben von Baumfarnen, Akazien,
Angophora- und Eukalyptusbäumen. Die alte Rinde schält sich von einer
Angophora (rechts) und gibt den charakteristischen roten Stamm frei.

Epidendrum ibaguense, eine epiphy-
tische Orchidee (unten) bezieht
Nährstoffe und Feuchtigkeit aus
der Luft. *Xanthorrhoea australis*
(Grasbaum) ist fast überall in
Australien zu finden (rechts). Sie
wächst langsam, erreicht aber ein
hohes Alter. Der Grasbaum
benötigt viel Sonne und einen
gut durchlüfteten Boden.

DETAILS
im Garten

Da Strandhäuser oft zwischen Dünen oder steil abfallenden Klippen liegen, gelangt man nur über Stufen zum Wasser. Holz – sei es nun neues Material (oben und oben rechts) oder alte Eisenbahnschwellen (oben links) – wird am häufigsten verwendet: Auch alte Betonstufen (links), die durch eine Bepflanzung am Rand aufgelockert wurden, sind geeignet.

In diesem von Michael Cook entworfenen Garten an der Küste von Neusüdwales führen Steinstufen zum Wasser hinunter (gegenüber). Neben dem Pfad wachsen Clivia und einheimische Carex-Gräser.

Der Briefkasten (oben) des »Cliff House« auf Kangaroo Island (siehe Seiten 50–53) ist aus Treibholz. Andrew Murray schmückte diesen Betonweg (links) zu einem Strandhaus mit einem John-Dory-Abdruck. Im dick mit Rindenmulch abgedeckten Beet daneben wächst *Banksia spinulosa* ›Birthday Candles‹.

Zu einem Garten am Meer gehört immer eine Außendusche (links) oder zumindest ein Gartenschlauch (ganz links), um sich die Füße abspritzen zu können.

Eine niedrige Holzbank entlang des Decks (unten) dient als Sitzgelegenheit und Balustrade.

Einzelne Steinplatten führen an einem Vogelbad aus Beton (rechts) von Andrew Murray
vorbei zum Vordereingang. Entworfen wurde
das Haus vom Architekten Clinton Murray. Der
vordere Zaun besteht aus schmalen Latten, die
in der Austernfischerei verwendet werden, das
Tor ist aus verzinktem Stahl und Zinkalaun.

Ein rechteckiger Teich liegt im hinteren Garten dieses von
Kerstin Thompson entworfenen Hauses (siehe Seiten 108–113).
Die Stahlskulptur im Teich stammt von Inge King. In einer
anderen Ecke des Gartens steht eine Urne aus Terrakotta
(links oben).

Der rückseitige geschützte Hof (gegenüber) dieses von Utz-Sanby entworfenen Hauses an einem Strand im
Norden Sydneys ist wie ein Schach-
brett gepflastert, das man nur über
den schmalen Teich erreicht.

Liste der Pflanzen

Folgende Pflanzen gedeihen in den extremen australischen Bedingungen:

BÄUME: *Agonis flexuosa* (Weidenmyrte); *Albizia lophantha* (Seiden-Schirmakazie); *Banksia integrifolia, Banksia serrata; *Casuarina equisetifolia* (Kängurubaum); *Cupaniopsis anacardioides* (Tuckeroo); *Eucalyptus cladocalyx, *Eucalyptus diversifolia, *Eucalyptus obliqua; *Hakea salicifolia* (Hakea saligna); Harpephyllum caffrum; *Lagunaria patersonia* (Hibiscus patersonius); *Leptospermum laevigatum* (Südseemyrte); *Melaleuca, Metrosideros excelsa* (Eisenholzbaum); Olivenbaum; Pittosporum crassifolium (Klebsame)

STRÄUCHER: *Acacia longifolia; Acokanthera oblongifolia (Acokanthera spectabilis, Carissa spectabilis); *Brachysema celsianum; *Calothamnus villosus; *Correa alba* (Australische, weiße Fuchsie); *Dillwynia retorta; Echium candicans* (Stolz von Madeira); Strauchveronika; *Kunzea ambigua; Leucadendron und Protea (Silberbaum, Schimmerbaum, Wunderfichte); Rhaphiolepis umbellata; *Thryptomene saxicola* (Thryptomene 'Paynei'); *Westringia fruticosa* (Westringia rosmariniformis); Yucca (Palmlilie)

STAUDEN, BODENDECKER, KRÄUTER: *Agave; Aloe; Arctotis* (Bärenohr); *Armeria maritima* (Gemeine Grasnelke); *Artemisia* (Beifuß); *Carpobrotus* (Mittagsblume); *Cerastium tomentosum* (Filziges Hornkraut); *Cineraria maritima* (Senecio cineraria); Cistus (Zistrose); Echeverie; *Eryngium* (Edeldistel, Mannstreu, Männertreu, Donardistel); Gazanie; *Helichrysum splendidum* (Helichrysum alveolatum, Helicrysum trilineatum); *Leucophyta brownii* (Calocephalus brownii); Limonium (Meerlavendel, Widerstoß); Pelargonie (Geranie); *Persicaria* (Knöterich); *Phormium tenax* (Neuseeländer Flachs); *Ptilotus* (Haarschöpfchen); Rosmarin; *Santolina chamaecyparissus* (Zypressenkraut); *Sedum* (Fetthenne, Mauerpfeffer); Thymian; viele einheimische Gräser; *Wedelia trilobata, *Xanthorrhoea* (Grasbaum)

KLETTERPFLANZEN: Bougainvillea; *Hardenbergia violacea; *Hibbertia scandens; Muehlenbeckia; Solandra maxima

* kennzeichnet ausschließlich in Australien heimische Pflanzen

Fotografien

Danksagungen

Die Autorin bedankt sich bei allen, die an der Herstellung dieses Buches mitgewirkt haben:

Die Besitzer der beschriebenen Häuser: Jenny und Patrick Opie (Seeigel), Peter Lewis (Pegelstand), Familie Watts (Aus Liebe), John und Lyn McCrea (Kunsthaus), Belinda Hannaford (Das »Cliff House«), Nancy und Warwick Pilcher (Norwegisches Holz), Libby und Vaughan Burt (Sommerhaus) sowie Greg Barret (Busch-Garten).

Allen Architekten, die in diesem Buch erwähnt werden, im Besonderen John Mainwaring für seine Abhandlung zur Geschichte von Strandhäusern und ihrer Architektur.

Den beauftragten Fotografen für ihre ausdrucksstarken Bilder.

Deborah Nixon für den Auftrag für dieses Buch und Kate Merrifield für ihren Humor; Stella de Vulder für ihre Kontakte; allen von *Belle* für ihr Interesse und ihre Hilfe; Philip Reed und Chris Burns für ihren Enthusiasmus und ihre Unterstützung.

TEXT

Kapitel 1: Auszug aus *The Bodysurfers* von Robert Drewe, mit freundlicher Genehmigung von Pan Macmillan Australia Pty. Ltd. Copyright Robert Drewe, 1983

Kapitel 2: Auszug aus ›The Seaside Houses‹ von John Cheever. Erstveröffentlichung in *The Brigadier and the Golf Widow*, Victor Gollancz, London, 1965. Mit freundlicher Genehmigung von Aitken, Stone & Wylie Ltd. (Nachlassverwaltung John Cheever).

Kapitel 3: Auszug aus *The Powerful Owl* von Candida Baker, mit freundlicher Genehmigung von Pan Macmillan Australia Pty. Ltd. Copyright Candida Baker, 1994.

Kapitel 4: Auszug aus *The Bodysurfers* von Robert Drewe, mit freundlicher Genehmigung von Pan Macmillan Australia Pty. Ltd. Copyright Robert Drewe, 1983

Kapitel 5: Auszug aus *Truce* von Joanna Murray Smith, Penguin Books Australia, 1994. Copyright Joanna Murray Smith, 1994.

Literaturhinweise

Boyer, Marie-France, *Cabin Fever*, Thames & Hudson, 1993

Darblay, Jerome and D'Arnoux, Alexandra, *Seaside Houses*, Ebury Press, 1993

Drew, Philip, *The Coast Dwellers*, Penguin Books, 1994

Drewe, R. (Hg.) *The Picador Book of the Beach*, Picador, 1995

Grow What Tree, Thomas Nelson, 1985

James, Theodore, *Seaside Gardening*, Harry N. Abrams, 1995

Jarratt, Jackie, *Noosa Style*, The Blue Group, 1998

Kreel, Fleur, »A Shore Thing«, *The Sydney Morning Herald*, 19. Juni 1997

Malouf, David, 1998 Boyer Lectures transcripts, *The Sydney Morning Herald*, Oktober/November 1998

Monfries, Marcelle, *Seaside Gardening in Australia*, Methuen, 1987

Pickett, Charles, *The Fibro Frontier*, Powerhouse Publishing & Doubleday, 1997

Quarry, Neville, *Award-Winning Australian Architecture*, Craftsman House, 1997

Splash: Stories for Hot Summer Days, Penguin Books Australia, 1998

Taylor, Jennifer, *Australian Architecture Since 1960*, The Law Book Company, 1986

Welsh, John, *Modern House*, Phaidon Press Limited, 1995

Winton, Tim, *Land's Edge*, Picador, 1998

Woolley, Jim, *Abode of Our Dreaming*, USQ Press, 1997

Register

(kursiv gesetzte Seitenzahlen verweisen auf Abbildungen)